懂老公的女人
最幸福

吴学刚◎编著

德宏民族出版社

图书在版编目（CIP）数据

懂老公的女人最幸福 ／ 吴学刚编著 . -- 芒市 ：德
宏民族出版社， 2019.11
ISBN 978-7-5558-1296-8

Ⅰ . ①懂… Ⅱ . ①吴… Ⅲ . ①女性－婚姻－通俗读物
Ⅳ . ① C913.13-49

中国版本图书馆 CIP 数据核字 (2019) 第 208177 号

书　　名：懂老公的女人最幸福	
作　　者：吴学刚　编著	

出版 · 发行　德宏民族出版社	责 任 编 辑　思铭章
社　　　址　云南省德宏州芒市勇罕街 1 号	责 任 校 对　尹丽蓉
邮　　　编　678400	封 面 设 计　U+Na 工作室
总编室电话　0692-2124877	发行部电话　0692-2112886
汉 文 编 室　0692-2111881	民 文 编 室　0692-2113131
电 子 邮 箱　dmpress @ 163.com	网　　　址　www.dmpress.cn
印　刷　厂　永清县晔盛亚胶印有限公司	

开　　本　145mm×210mm　1/32	版　　次　2019 年 11 月第 1 版
印　　张　7	印　　次　2019 年 11 月第 1 次
字　　数　150 千字	印　　数　10000 册
书　　号　ISBN 978-7-5558-1296-8	定　　价　38.00 元

如出现印刷、装订错误，请与承印厂联系调换事宜。印刷厂联系电话：13683640646

前　言

什么样的女人最幸福?

懂老公的女人最幸福!关心你的老公,爱护你的老公,必须要从根本上了解他、懂他,你要知道他喜欢什么,他的性格是怎么样,该做哪些事情能够抓住他的心,那个时候你会觉得原来喜欢一个人特别的简单,让老公一直爱你,也没有那么困难。

在现实生活中,常听女人感慨万千地说:"好男人到哪去了?"殊不知说这话的时候你已经忽略了身边的那个他。许多女人总认为好男人是天生的,她唯一能做的就是等待或邂逅,一生被动地等着遇到好男人,被动地用等待来决定自己的命运,而不知更多的时候,一个成功的男人是好女人塑造出来的!懂老公,爱老公,就是为自己寻找幸福。

如果说男人是一座金矿,女人又为何不做那个挖掘者,去发现,去开采呢?当你付出了努力和耐心,便会惊奇地发现,涤去黄沙后是闪光耀眼的金子。

懂老公的女人,幸福一生;不懂老公的女人,一生凄惨。

身为女人，别总是把羡慕的眼光向外投射，甚至嫉妒其他的女人比自己命好，嫁了一个好老公，哀叹自己命薄无福。古人云："临渊羡鱼，不如退而结网。"与其纠结于他人比自己婚姻幸福，与其自怨自艾，不如用心经营婚姻，反观自己，纠正自己在婚姻相处中的不足之处，做一个懂老公的睿智女人。可以说，一个家庭是否安乐，是否安静，是否兴旺发达，妻子的智慧是非常重要的。会不会做妻子，关系到女人的幸福，关系到男人的事业，关系到孩子下一代的成长，关系到一个家庭的方方面面。作为女人，要修炼做妻子的智慧。修炼女人的玲珑智慧，做男人成功的帮助者，子女成才的培养者，家庭幸福的缔造者。

女人的伟大不仅仅在于她们自身的伟大，还在于她是男人前进的动力。她站在男人背后，守着他的窝，拴着他的胃，牵着他的心。为他披上盔甲，看他骑上战马，再抛给他一朵花、一个吻，让他勇敢地出征，奏凯而归！正像人们所说的："聪明女人激励男人，才情女人吸引男人，智慧女人成就男人，善良女人鼓励男人，泼辣女人修理男人，精明女人累死男人。"

《懂老公的女人最幸福》从选择老公、经营爱情、照顾家庭、支持事业、教育子女、和谐性爱等方面剖析了怎样成为一个懂老公的幸福女人，书中没有枯燥乏味的理论，也没有陈词滥调的说教，有的只是生活中一个个耐人寻味的小故事，通过一个个平凡的小故事启迪女人应该如何去追求自身的幸福。

生活中的女性朋友们，你想拥有幸福吗？你想做个幸福的女人吗？用本书中的智慧来武装自己吧，它会使你永远幸福永远快乐。

目　录

第三章 说老公爱听的，听老公爱说的

第四章 男人也需要避风港，给他一个温馨的家

第五章 留住青春和美丽，轻松把牢身边的他

第六章 教育好子女，是女人一生不可推卸的责任

第七章 和谐性爱，让老公更"性"福

第一章 找个好老公，是女人幸福的前提

女人幸福的前提就是找一个好老公，而且要宠你爱你一辈子的男人，这样才会幸福一辈子。但是，世界上的男人千千万，要从中挑选一个一辈子的好伴侣，也实属不易。所以，女人一定要练就一双慧眼，为幸福找一个好归宿。

1. 找到最适合自己的人

在女人的一生中，大部分岁月要和另一半度过，女人只有嫁对了老公，才有真正的幸福可言。

作为女人，你只要想一想，你选择一个男人做老公，要和他在一起生活大半辈子的光阴，就不得不小心谨慎了。而为了获得几十年的幸福生活，选择老公时，一定要找到自己的"白马王子"。

什么样的男人是适合自己的人呢？首先他必须真正吸引你，而你必须弄清楚自己真正的欲望是什么，那些真正吸引你的又是什么，你愿意过怎样的生活。女人通过一次次恋爱会更了解自己内心的渴求，而男人也通过一次次恋爱变得成熟起来——如果他每次恋爱都是认真且专心的。一张白纸的男人未必值得交往，那些会说"你是我第一个女人"的"纯情男生"毫无趣味可言。

女人千万不要被所谓的"成功男士""钻石王老五"所迷惑。这些男人往往从小就被宠坏了，纵横花丛，永远被女人所仰视，永远只在乎自己。对于这些拿女人当衣服点缀的情场"优秀男人"，应该给予狠狠打击，灭掉他们的嚣张气焰。男人的富有与慷慨并不能画上等号。不算富有但对别人慷慨的男人更招人喜欢，他们是那种会对家人、女友甚至陌生人十分友好，而对自己很严格的男人。

当一个女性对另一个人充满好感时，她会觉得对方什么都好，怎么看着都顺眼，这就是所谓的"情人眼里出西施"。把对方理想化，是热恋中的人普遍存在的情况。但婚后，感情的炽焰慢慢熄灭，理性的思考开始慢慢抬头，我们会逐渐冷静下来，重新审视对方与自我，因而会发现，自己以前没发现或发现了也不在乎的缺点会暴露出来，此时便会产生"上当受骗"的感受，其实对方又何尝不是这样想的呢？

那么理想的丈夫是怎样的呢？

（1）温和。

性情暴躁、脾气乖戾的男人，人人都会对他敬而远之，女人更是避他唯恐不及。没有好人缘，更没有情缘，他处处被人孤立，时时受冷遇，他就像从野蛮之地冲入人群的困兽，没有人情味。

而性格温和的男人，深怀一种和善之心，那么易于亲近，处处显示一种体贴、关怀的善意。戒心强烈、容易受伤的弱女子，投靠温情的怀抱，感受和风细雨的温存，她将沐浴幸福，深深陶醉，爱便油然而生。

（2）深沉。

深沉是内在的精神修养，是阅历丰富的男子经过磨炼获得的独有魅力。为什么女性选择伴侣喜欢成熟的男人？正是被他们深刻的内涵所吸引。

深沉并不是沉默寡言，有的女孩最初也被沉默不语的男性迷惑，但是经过接触她可能发现，他的沉默，或是无思想、或是拙于言辞、或是无主见。

　　真正的深沉是一种经验，是一种深思熟虑。男人切忌夸夸其谈，口无遮拦。作风轻浮，被斥为"嘴上无毛，办事不牢"。深沉还是一种稳健的风度，他不以年龄为标志，更不是老奸巨猾。这是一种少年老成的魅力，是担大任的素质。女人热爱深沉，看重的是这种男人的发展潜力，终身相许的，自然是能成大器的男人。

　　（3）可靠。

　　有首歌中唱道："男人爱漂亮，女人爱潇洒？潇洒漂亮？却不可靠。"

　　男人可靠，说明他待人处世可信度强。男人在事业上发展，缺乏令人信任的品质，就很难获得成功的机遇，没有一个上司愿意任用不可靠的下属，没有朋友愿意找不可信的人合作。在情场上常打败仗的，恰是那种不能赢得女人信任的男人。不被信赖，这是男人最不成功的人生。

　　男人为何不被信赖？

　　他或是能力低下。事业上，上司不敢委以重任，怕他力不从心，难当大用；情场上，女人找不到安全感，难以托付终身。

　　因此，可靠是男人的第一美德，也是男人的最大魅力。

　　（4）刚强。

　　刚强是一只铁炉，能够将男人炼成钢。百炼成钢的男子，站在女人面前是擎天柱，他百折不弯，任凭风吹雨打。人们常说，爱情是经不起一发炮弹的木帆船，哪个女人敢于登上这样脆弱的木船去经历几十年的婚姻风雨？刚强的男人能造大船，他能挺立船头为女人遮风挡雨。感情的波折，家庭的困难，一遇刚强，都化险为夷。这种安全感是只有从刚强的男人那里才能得到的，他永远不会做逃兵。

（5）果断。

按照东方人的传统观念，男人在社会中应该处于领导地位，男人都应该是女人的领导。有人说，日本为什么发展那么快，就是因为合理高效的男女分工，男主外、女主内，男人主宰社会，女人为男人服务，所以男人都自信心极强，富有决断力。姑且不辩论男人的果断力是怎么丧失的，是不是被参与社会生活的女人埋没了、吓跑了。总之，中国的女人是喜欢处事果断的男人，女人从根本上绝不想缠磨得一个个男人都优柔寡断，办事拖泥带水。

①果断的男人令女人尊重。

大多数女人骨子里是愿意处于从属地位的，特别是在情侣眼里，唯唯诺诺的男人大丈夫，显得软弱可欺，没有骨气，一个连女人都能欺负住的男人准没出息。男人一挺起腰杆，说话掷地有声，女人就顿起敬意。有主见的男人，遇事勇于做主张的男人，都将获得女人的尊重。

②果断的男人令女人崇拜。

果断的男人有魅力，叱咤风云，指点江山，有领导者风度。女人遇到这样的男人就会乖乖地被驯服，女人那些婆婆妈妈、无理搅三分的招法就都失灵了，女人反而崇拜他。

男人在单位树立威信，才能赢得地位。

男人在家里树立威信，才能赢得爱。

（6）责任感。

责任感强的男人不自私自利。社会赋予男人以神圣的使命，他要创造价值，推动历史进程。因此，男人勇于挑重担，他迎难而上，决不推卸责任。他不讲享受，不图安逸，不损人利己，助人为乐，关怀弱小，疼爱妻儿，他处处获得尊重。与这样的男人相恋相爱，女人会有无上的荣誉感，而这是一笔巨大的精神财富。

责任感强的男人尊重他人。责任感是男人拥有的最高尚的品德，富有责任心的男人一定是个好丈夫，他会尊重爱情，忠于职守。得到尊重的女人，能够保持人格独立，获得身心自由，追求价值人生。

（7）独立性。

独立性是男人成熟的标志，是男人的立身之本。男人最重要的是精神独立，树立独立人格。

女人不喜欢没有主见的男人。有的男人总被别人左右着，或是谈朋友、找工作都听父母的，整天我妈说如何如何，我姐说如何如何，令女友极其反感。还有的男人整天混在人群里，到处充当随从角色，没有号召力，也没有凝聚力，因此也无足轻重。

男人有了独立人格，才能安身立命，才能发展自我，也才能保护自己心爱的女友，让女友放心地追随你，归属你。

（8）细心周到。

细心周到的男人有长者风范，他像守护神一样陪伴女人，他是生活型的男人，与他在一起，女人会受到悉心爱护，他会令女人幸福感倍增，这样的男人有女人缘。

他善于倾听，乐于解答，和风细雨，温情脉脉。他喜欢家庭生活，热爱孩子，倾注心血教养子女。

他顾全大局，懂得谦让，忍耐力强，不争不抢，不强迫别人意志。

他会做家务，勤快主动，一切做过的事情都能达到井井有条。

细心周到的男人极讨女人欢心，也许他成就不了什么大的事业，但他会全心全意地爱家、爱老婆、爱孩子。

（9）事业心。

有事业心的男人以事业为重，追求发展前途，他把爱情与家庭摆在从属地位，但不能说他不重视，他反而更加需要温暖舒适的家，令他栖息，令他放松，他相信书本上所总结的：一个成功的男人背后，必定有一个好女人。

为什么对于男人来说，事业是人生的第一目的？事业心是最值得骄傲的品格，而女人却把男人的事业心排在她们欣赏的诸多优点之后。

这是时代的变迁，导致女人审美观移位。过去，夫贵妻荣，男人的功名利禄，带给女人以炫耀和尊贵的资本。现代社会，女性解放，与男人比肩同行，许多女人的事业心、成功欲不亚于男子。女人自己能够得到的，她就不再感到弥足珍贵了，而且共同追求事业，容易怠慢缠绵的爱情，也容易产生家庭隔阂。个性强的女人是时时都想与男人换位的。

但是男人的事业心，仍是女人相当看重的。男人不思进取，懒惰消沉，甘拜下风，女人则脸上无光，虚荣心大受伤害。

所以，男人不能按照女人的心意塑造自己。事实证明，社会千变万化，男人仍然是社会的中坚，无论女人叫得多响，她最终也不愿意选择一个在社会上、在家庭里都无足轻重的男人为夫。不是吗？女人仍把事业心作为男人的一大美德。

有这些魅力的男人才是女人要找的好丈夫。但是，这里有一个误区：任何一个男人都不可能十全十美，只要在某一个方面能够满足女人的需要，特别是家庭的需要，那么就可以是个好丈夫。

2. 幸福是自己选择的结果

每个女人都想嫁个好男人，让自己的一生过得舒心顺意。人的一生不是父母一生的续集，也不是儿女一生的前传，更不是朋友一生的外篇，只有你自己才是自己一生的责任人，所以每个女孩都要对自己的幸福负责。

有些二十几岁的女生最喜欢依据生日或天干地支来查看生肖和星座运势，常常认为生辰八字早已决定了自己的命运。其实不然，命运是由一个人一生中无数的选择所构成的，而做出怎样的选择就受到心理倾向的左右。

英国诗人吉卜林说："一千人中之一人。"人生短促，人海茫茫，如果幸福仅仅依靠命运的安排，那么你们两个人相遇的概率差不多为零。所以，只把幸福寄托在相遇上几乎是不可能的。

命运不是老天决定的，而是自己选择的结果。幸福的女人并不像我们认为的那样毫无勇气与判断力，而是仅仅靠运气。可以说，世界上任何一个地方都不会有如此好运的女人。而是她们具有选择幸福的眼光，知道怎样得到幸福。正如一句话说得那样："干得好，不如嫁得好；要想嫁得好，就必须看得准。"

为了得到幸福，我们首先需要做的就是练就一双敏锐的眼睛，把感情托付给值得爱的男人。

（1）懂得尊重你的男人。

现代社会好男人的标准是：尊重女性。一个尊重你的男人，他对你的爱会比对你的要求多。他尊重你的决定，在你的事业上是一个支持者，而不是一个绊脚石。在你六神无主的时候，他为你出谋划策，帮你渡过难关。

（2）有责任感的男人。

社会赋予男人以神圣的使命，他要创造价值，推动历史进程。因此，男人应胸怀大志，有"国家兴亡，匹夫有责"的大气，也有"先天下之忧而忧，后天下之乐而乐"的胸怀，这样的男人一定是个好老公，他会尊重爱情，忠于职守。和这样的男人建立家庭，你不会在虚无缥缈的感情世界里旋转，他对家庭有责任感，对孩子有责任感，对你和父母也有责任感。

（3）家人、朋友都欣赏的男人。

俗话说："姜还是老的辣。"长辈们经风历雨，阅人无数，眼光自然比你亮。当一个男人能够赢得你的朋友、家人的欣赏时，他会是性格温和的人，深怀一种和善之心，易于亲近，处处显示一种体贴、关怀的善意。他不是一个非常易变的人，不会让你觉得很难了解和相处。

（4）有诚意的男人。

当一个男人追你追得很有诚意时，虽然他不属于你十分喜欢的类型，但是他既有你喜欢的类型的优点又有他自己的优点，这样的男人你就可以考虑付出感情。

（5）关爱体贴的男人。

怜香惜玉的男人是最能打动女人的，虽说女人有崇拜阳刚的情结，但女人又是特别务实的动物，需要实实在在的疼爱和呵护。体贴就像一只纤纤细手，知冷知热，知轻知重，只这么一抚摸，受伤的灵魂就愈合了，昏睡的青春就醒来了，痛苦的呻吟变成了幸福的鼾声。更像一首绵绵的诗，缓缓地、轻轻地放射出来，飘到你的身旁，扩展、弥散，将你围拢、包裹、熏醉，让你感受到一种宽松，一种归属，一种美。

（6）真心爱护你的男人。

若男人真心爱护你，就会尊重你的生活与兴趣。他宁可不点喜好的辛辣菜肴而陪你吃清淡养颜的时鲜蔬菜。会对你提出很多的要求，但都是合情合理的，且对你都是有好处的。

（7）胸襟开阔的男人。

这样的男人不计前嫌、得理饶人、宽宏大量、特别是对自己的女人更能理解体谅，会使许多矛盾化干戈为玉帛。当然，这种男人表里一致，绝不是表面一副大度风范，私下却是小肚鸡肠，那样必然会走入另一个极端。两人发生争执，通常是他最先让步。他会耐心听你说话，如果你是对的，他能够承认错误；即使你不对，他也愿意原谅你。有话可以好好讲，不会动不动就拉下脸来，送你一脸的暴力表情。也不会为一点小事发脾气或赌气，自虐或虐人。总之，一个心胸开阔的男人会容得下女人的许多缺点，只要女人不过分。

（8）有自己爱好的男人。

男人如果有爱好，他必定要牺牲自己的时间和精力关心此事，且这种关心是有绝对的主观能动性的，不用催促，不用提醒，他比谁都上心。有爱好的男人，工作之余，生活充实，不会每天闲得瞎想，只要身边有自己爱的人，就很少再有精力关注其他女人。于是便从自己那里杜绝了因为大量闲暇时间加之精神空虚而导致的泡妞事件，两个人的世界就不会有第三者出现。

（9）对感情无怨无悔的男人。

一个男人一辈子注定会有几次恋爱，他在不断地实践中获得经验让自己完善起来。"专一"的定义并非他只能一生爱一人，而是每爱一个人的时候都一心一意。如果他曾经有过刻骨铭心的感情经历，并为此真心付出过，至少可以证明他是个深情、敢于承诺的男人，一个愿意为感情破裂分担部分责任的男人，不管他有过几次恋爱，也绝对不是他主观上的过错造成的。女人选择了这样的男人，只要现实条件不那么糟糕，是可以"从一而终"的。

（10）不会因为朋友而忽略你的男人。

他有他的社交圈，但是不会因此把你晾在一边，他能够独立思考和行动，而并不是唯朋友是从。在与异性交往时，他能清楚地掌握好分寸。

（11）你最想倾诉的男人。

当你遇到困难时，最想找的人就是他，因为他是你忠诚的听众，他不会将你深沉的、不愿为人知的话传播出去，也不会讥笑你的无知。在他那里，你可以畅所欲言，无所顾忌，不会因为表达内心深处的想法而担心遭到嘲笑或伤害，他给你一种信赖感和安全感。

（12）深爱你的男人。

不管你是不是他的初恋，不管他以前有没有爱过，或许你不是他今生唯一的爱，但过去的已经不重要，重要的是他现在对你深情，他对你的爱超过了你对他的爱，他能专一地爱你，适时地给你惊喜。

一个女人最大的幸福是什么？就是找到自己爱的和爱自己的人。假如你已经获得了这份幸福，就一定要珍惜它，好好爱他，真心爱他，不计较，多体贴，这样幸福的种子自然而然地就会在你和他的心中发芽。

要记住，我们每个人都是带着幸福生活的权利出生的，我们有权来选择自己的幸福。

3．嫁人就嫁"灰太狼"

每次当灰太狼被羊群欺负，灰头土脸地回到家里时，老婆红太狼不但不安慰，反而会恨铁不成钢地用一把自制铁锅用力敲打灰太狼的头。即便如此，灰太狼也从来都不生气，一边躲避、逃跑，一边还心疼地对老婆说："老婆，老婆，你千万不要生气，生气会对皮肤不好的！"这样的男人，怎么不会让人心动呢？因此，一夜之间，灰太狼成为众多女性择偶的标准。

为什么会这样呢？原因何在？我们不妨先来看看人们总结的灰太狼的10大优点。

（1）爱老婆胜过爱自己。这可是男人必须要具备的。灰太狼每次抓到羊完全可以自己先吃掉，可他一次都没有，总是辛苦地把小羊们送到老婆大人面前。男人永远把老婆放在第一位，这可是嫁他的先决条件啊！

（2）吃苦受累爱劳动。虽然灰太狼每天都出去抓羊很辛苦，但他仍然坚持做家务，什么活都不用老婆插手。别小看这一条啊，两口子过日子讲究的就是细节，干家务、带孩子那全是细节。嫁给这样的男人，女人就不用担心很快变黄脸婆了。

（3）聪明能干有毅力。每次抓羊的点子都是他想出来的，而且准能抓到。虽然羊最后都从锅里跑了，可这是剧情安排嘛，要不以后演啥？但每次失败了，灰太狼都会跟观众朋友们大喊一句：我一定会回来的！瞧，人家多有毅力。嫁给这样聪明能干的男人，万一在金融危机浪潮中失业了也不用害怕他翻不了身，人家有毅力，一定会回来的！好男人贵在品质。

（4）动手能力极强。家里的保险丝断了，他修；马桶堵了，他通。这种男人省心又省钱，多好。灰太狼爱搞些发明创造，这灰太狼要是在生活中啊，准是一个动手能力强的男人。在生活中如此有能力的男人，你不要，还等什么呢？

（5）为老婆花钱不心疼。爱美是女人的天性，当红太狼想用十只羊换件虎皮大衣时，他眼睛都不眨一下就满口答应了。十只羊是笔不小的财富啊，灰太狼全拿来换大衣了。这种男人太让人了感动了，能嫁这样的男人，也算值了。

（6）不花心从一而终。虽然偶有抵挡不住小白狐的媚眼给人家献了殷勤，但老婆一声召唤就会乖乖回家。这在当今物欲横流、充满诱惑的社会中是多么的难能可贵，多么稀缺的品质。因此，如果你有幸遇到了，千万不要错过了。

（7）绝不偷藏私房钱。男人有钱就变坏。灰太狼抓到的羊一只不藏全留给老婆，精神可嘉！现今社会有多少男人没有自己的小金库？

（8）不和老婆讨论对错。老婆错了也是对的，红太狼说一不二，这种女人多有威严，太给女同胞们长脸了！嫁个这样的老公不用担心自己做错事，丝毫不用担心会发生家庭纠纷，甚至是家庭暴力，嫁个这样的老公既安心也舒心！

（9）亲自下厨无怨言。没有羊的时候，灰太狼怕饿着老婆，亲自下厨为老婆大人做饭，毫无怨言！当下虽然提倡男女平等，但做饭还是更多地落到了女性朋友的肩上，同样是工作累了一天，人家可以休息，而你却要准备晚饭，打扫卫生，收拾房间，心理难免会不平衡。但如果找个灰太狼式的老公，问题不就都解决了吗？这样的老公还不抢着要吗？

（10）想尽办法哄老婆。老婆不高兴了，灰太狼会想尽办法哄她开心。做到打不还手，骂不还口。当今这种类型的男人已经不多了。一旦遇到就好好珍惜吧！

综上所述，这样的十好男人，你去哪找啊？您还别说，电视剧《蜗居》中的苏淳就是这一形象的化身。

他虽然没有很多的钱，但他懂得疼爱自己的老婆，想尽办法哄自己心爱的人开心。即使他没有宋思明呼风唤雨的本事，但他更希望能给自己心爱的人一个温暖的家。于是，面对自己老婆的抱怨，他总是毫无脾气、毫无怨言地包容着、宠爱着、温暖着，就连郭海萍因为一元钱而故意和他斤斤计较时，他仍然站在郭海萍的立场上说："那个花季的姑娘，一路跟自己走来，从鲜花盛开到现在的憔悴。她虽然脾气暴躁，但那不是她的错，而是生活所迫。一个女人，如果出门有车，入门有仆，是很难有恶劣脸孔的。在这样一个浮光魅影的城市，有一个女人肯这样跟着一无所有的自己，应该感激她、包容她、宠爱她，给她快乐。"这段话说出了一个女人为生活而拼搏的心酸，也教育了当代的丈夫们应该如何呵护自己身边的那个她，珍惜现在的幸福生活。

因此，苏淳这一形象是很多女性朋友心中的"灰太狼"形象。这样一个将包容和奉献融合的男人，作为女人，这样的老公又如何不嫁。看看现今社会，身边这样的男人真是少之又少，所以，至于女人要嫁怎样的男人呢？我倒认为有一个现成的标杆用来参考——"灰太狼"。

4. 男怕入错行，女怕嫁错郎

俗话说："男怕入错行，女怕嫁错郎。"虽然现在是一个提倡男女平等的开放型社会，结婚之后发现两个人不适合可以离婚，可是，婚姻毕竟是人生之大事，对于女人，婚姻如同第二生命。虽然每个女人都有选择的权利，但这仅在会选的女人身上发挥效用。所以，在这个"做人难，做女人更难"的世俗社会，女人一定要对自己的幸福负全责，要在结婚前看清楚自己的准新郎，千万不要看走了眼，后悔莫及。

那什么样的男人不能嫁呢？

（1）有大男子主义倾向的男人不能嫁，他们下班直奔酒吧，烂醉后回家睡觉，家是酒店，老婆是终身服务员。

（2）所有鼓吹一夫多妻制的家伙不可嫁，虽然在幼儿园时代，老师教导过我们好东西要和他人分享，但是爱人就另当别论了。

（3）太有钱和太穷的男人不能嫁，现实社会有钱几乎等于有能力和运气。一个男人如果能力和运气都极佳，必定在很多方面都会纵容自己，当然包括择妻选偶，嫁给这种男人，一生时时刻刻都要提心吊胆，随时有"下岗"危机，活活累死！

久贫乍富的不能嫁，长时间在贫苦中挣扎，付出的比一般人多出百倍千倍，律己严，律他人也严，嫁给这样的人，也会活活累死！

如今怀才不遇、眼高手低的多，到了一定年龄依然两袖空空的人，不一定单单的是运气不济。不是不能挨穷，只是何必和一个男人捆绑喝西北风？

（4）人品一直是择偶的首要条件，历数前任女友不是的男人不能嫁，宽容永远是男人的必备品格。

（5）满嘴跑火车，一件事对不同人讲不同版本的男人不能嫁，除非你具有未卜先知明辨真伪的特异功能。

（6）工作不停换、行业不停转的男人不能嫁，对事业都如此花心，更何况其他。

（7）一朝得志便语无伦次、眼光游离、言辞闪烁的男人不能嫁，轻浮如此又如何留得住福气？沉着淡定也是男人不可缺少的品格。

（8）穿粉色衬衫的男人不能嫁，他们不是自恋，就是有俊男情结。穿深色西装同时穿白袜子的男人不能嫁，他们要不觉得自己青春无限，要不就是品位有问题。

（9）第一次约会请吃火锅的不能嫁，热气蒸腾，火焰滚滚，人声嘈杂，全无情调。请吃饭，一坐下便问今日特价菜的不能嫁，约会都如此计较，太小家子气。

（10）约会AA制或要女人付账的不能嫁。你愿意为这样的人怀胎十月生孩子、洗衣做饭50年？

（11）花女人钱理直气壮的不能嫁，除非你热衷于包小白脸。

（12）当着女人面粗口横飞的不能嫁，没家教的男人单身时坏母亲声誉，结婚后丢老婆脸。

（13）笑起来捂嘴的、总摸头发的、乐于讲是非的、酷爱看报纸娱乐版的、追看电视连续剧的、公开自认美男的、爱凑热闹的男人统统不能嫁。

（14）风流自赏，频繁暗示他本人各方面条件极佳，看上你是天上掉热馅饼，呼吁你一定诚惶诚恐好生张嘴接着。

（15）骑驴找马的男人不能嫁。他身边永远有一个"深爱我但我不太动心"的女孩，所以你也不过是他爱情沙场上的一个过客，终究要离开。

（16）沾沾自喜汇报月薪几位数、衬衫多少钱一件、圣诞节到哪里滑雪、刚加入某超级贵族无敌高尔夫俱乐部等爱炫耀的男人不能嫁。

（17）雨天开车不顾路旁艰难行走之妇孺，不减速、不绕行、不挥手示意行人先过而溅人一身泥汤的男人不能嫁。

（18）用酒店的窗帘或毛巾擦皮鞋，离店时电灯、电视、电脑、水龙头一个都不关的男人不能嫁。

（19）记不清自己父母家的电话号码，或拎起话筒即以领导的口吻质问："今晚吃什么？"的男人不能嫁。

（20）闲谈尽是：他办公室的女孩谁腰太粗、谁斗鸡眼、谁品位太差老在小摊买衣服、谁好像和头儿关系不一般、谁无故请假一周不知是否去做人工流产……这样的男人不能嫁。

（21）人穷志短马瘦毛长，一喝酒就慨叹人生无趣、怀才不遇、领导给他小鞋穿的男人不能嫁。

（22）年过三十仍留小辫、穿补丁牛仔扮青年艺术家状的男人不能嫁。

（23）问你一个月赚多少钱、怎么这么年轻买得起市中心四室两厅是分期付款吗？这样的男人不能嫁。

（24）浴室中的化妆洗涤用品比你还多——若无缘得进其浴室，则身上香水过浓、头上摩丝湿淋淋如落水狗、领带鲜艳如嘉年华会侍者、夏天穿白衬衣内用乳贴的男人不能嫁。

（25）穿一身假名牌，充阔气；穿一身真名牌，得意忘形的男人不能嫁。

（26）似乎知道一切内幕、原理、玄机。答话以"不"字开头的男人不能嫁。

（27）他不会换保险丝、轮胎，但声称他的秘书和司机会换；指责你不会做满汉全席，他妈就会的男人不能嫁。

（28）貌似无心、拐弯抹角问你如果婚后发现老公有婚外恋、一夜情会怎么办，并说但他还是爱你的，还会回来的。如此的男人不能嫁。

（29）认识一年以上，你屡次请他周末同到父母家吃个便饭均婉言谢绝的男人不能嫁。

（30）同一个问题（如你幼儿园在哪儿上的？问过你三遍，或问完一个问题不等回答即问下一个，这样的男人不能嫁，因为他根本不是真想知道所问问题的答案，所以你也根本不必好好回答。

你一定在大发感叹了，原来不能嫁的男人如此之多，能嫁的男人如此之少。但是，为了你能获得真正的幸福，千万不能马虎和草率，记住有的事情是不能退而求其次的，宁缺毋滥的原则一定要坚持下去的。单身的痛苦不外乎是孤独寂寞，但是找个萝卜茄子随便嫁了，看看以上的种种男人，相信烦恼会呈立方地翻新变花样。如果功夫不到家，也只好继续蹉跎下去，反正总比嫁一个不如意的郎君啃一辈子痛苦好过得多。

当然，女人也不要把一生的幸福寄托在婚前对男性的千锤百炼的挑拣中，以为选择就是一切，对了就万事大吉，错了就一败涂地。选择只是一次决定的机会，虽然对了比错了好，但正确的选择只是良好的开端，即使航向对了头，我们依然会遭遇风暴。婚姻不是终生的保险单，爱情更需要养护、需要滋润、需要施肥、需要精心呵护。就像没有永远的敌人，也没有永远的爱人，爱人每一天都随着太阳一同升起。所以，选择好你的对象以后，就要好好经营爱情，真诚相爱，这样才会体会到相伴的幸福。

5. 像选鞋子一样选老公

女人们一直都在寻觅，寻觅适合自己的一切东西，衣服、首饰、皮包，当然也有鞋子，很多女人在选择这些东西的时候都很有眼光，只是在选择自己丈夫的时候虽然把眼睛擦得雪亮，但是到最后却总是"上错花轿嫁错郎"，因为女人们总把自己选东西时的眼光用来选丈夫，而男人却真的不同于东西，男人不是不变的东西，不会总是待在那里任你选择。

正如女人挑鞋子，有些女人很懂得自己长得矮，于是眼睛就盯在高跟鞋上，而那又细又尖的高跟鞋却很是令女人吃些苦头，走起路来如风摆杨柳，一不留神还很容易摔个大跟头，有时甚至摔得头破血流，而后这些女人依然死不悔改，一如既往地偏爱高跟鞋。

不过随着脚上血泡的增多，女人们终于无法忍受了，她们的眼睛也不只光盯在那些华丽的高跟鞋上，简单务实的鞋子更容易搭配衣服，这也越来越成了女人们的共识，如同恋爱，不是给别人看的，而是自己一生一世的幸福。所以说，女人的眼光是幸福的最大资本。

男才女貌的婚姻是品牌鞋，养眼的外形，良好的舒适度，但是价格令人咂舌，且需要精心保养。

青梅竹马的婚姻是布鞋，经济实惠，朴实无华，放起来了无牵挂，但是总是羞于穿出去。

患难与共的婚姻是旅游鞋，耐用合脚，灵巧轻便，但是只能共赴风雨泥泞，雨过天晴时很容易将其遗忘；

浪漫型的婚姻是舞蹈鞋，高雅精致，穿上它就如仙子精灵，但是一旦离开光滑的地板，就变得难以适应；

事业型的婚姻是慢跑鞋，它类似于旅游鞋，和脚互帮互衬，但是它有一条固定的跑道，即事业，一旦脱离这个跑道，就显得有些挤脚，也就没有了多大用处；

老少搭配的婚姻是大傻鞋，不管是老夫少妻还是老妻少夫都显得极为特别，也容易引起舆论的喧哗，选择它需要足够的勇气和坚强；

被金钱收买的婚姻是小尺码的紧口绣花鞋，看上去挺美，但只有脚知道：感觉并不好受；

勉强逼迫的婚姻是大铁鞋，沉重得让人寸步难行，一旦脱掉可能会伤筋动骨、皮开肉绽、鲜血直流。

每一种鞋，都有一定的优点和缺点，也有它们的适用范围，老公也是如此。选择一个什么样的男人，就意味着选择了与之相对应的生活。脚舒服不舒服，要看鞋子适不适合脚；婚姻幸福不幸福，要看老公适不适合你。

鞋子虽然不会说话，但试过之后就知道了。可老公又不能试，要怎么办呢？别急，现在就教你几种方法，即使他闭着嘴，你也可以从外在解读他。

（1）从整体穿着来品评。

一个从头到脚都穿着同一个设计师设计的服装的男人，跟一个每天都穿蓝上衣卡其裤的男人有何不同呢？他们都是没创意的家伙吗？其实，这样穿着是为了快速达到看起来不错的效果，他们可不愿意花太多心思在打扮上，还有许多更重要的大事业等着他们全力以赴呢。

如果这个男人总是走在流行的尖端呢？女生流行百褶裙，他也不甘示弱地买百褶衬衫来穿，这时可要注意了，这代表他花在吸收流行资讯的时间，比他关心你的时间要多得多。

（2）三秒钟打量法。

要在最快时间内认识一个男人，只要掌握两个重点：头发和鞋子。对生活中的小细节不关心，这些都会反映在男人鞋子的清洁程度上。头发亦然，头发乱蓬蓬，他的邋遢也就可以略知一二了。这样粗心的男人可就辛苦你了，因为他一定不会记得你的生日，也别提你爱用的香水品牌，甚至搞不清楚你妹妹叫什么名字，你每周换一双鞋他更是毫无感觉。

不只要看他鞋子干净不干净，还要瞧瞧他穿怎样的鞋。如果他嗜穿绑带鞋或总是扎着整齐蝴蝶结的运动鞋，他绝对不是懒惰鬼。他若偏好后空鞋、凉鞋、拖鞋，他可能有点随性，能不能带得出大场面是你需要考虑的。

（3）屋子透露男人性格。

如果有机会，你一定要到他住的地方瞧瞧，那正是另一个认清他的好时机。但是，最好是突击造访，如果他早就准备好恭迎芳驾，把房子彻彻底底打扫了一遍，这准确度就会大大降低。

如果，你一进他家门，发现的是乱七八糟一阵混乱，千万别大惊小怪，更不要一口认定他就是一个脏鬼，最乱的房子通常是最忙碌、最成功的人士所拥有，因为他们把时间都花在工作上了。一个事业有成的单身汉家中厨房沾满灰尘是合理的，他们实在没有多余的时间去自己煮饭。

相反地，一个会把内衣裤烫得整整齐齐、袜子按照颜色排列的"超级处女座先生"就理想吗？答案因人而异，可能是Yes，也可能是No。如果你的男友是这样的人，你从此以后可以不用担心冰箱塞成一团找不到东西，屋子里的清洁工作你也可以少做一些，即使你们很要好，这样的男人可能也不会留你过夜，因为他可能会怕你弄乱他的干净床单，在某种理论上，你的存在会干扰到他的干净空间。和"洁癖先生"交往，小心他老是拒你于千里之外。

（4）喜欢堆东西的男人。

有些男人从衬衫到旧报纸都堆得整整齐齐的，他把一切东西整理得井然有序，不乱丢任何东西（包括你）。这样的男人通常不大有情趣，但有取之不尽的安全感，要小心的是，他搞不好连前几任女友的相片、信件都完好如初地收藏着。

（5）喜欢DIY的男人。

他的家具几乎都是自己弄的，不论是自己设计或是按照说明书上组装，甚至他在大学时代用的也都是二手货。不要嫌他穷酸或抠门，这样的男人其实很有创意，而且勤勉。有一双巧手的男人，在其他方面应该也有不错表现。

（6）网络迷恋型的男人。

许多网络发烧友可以不吃饭，但不能不碰电脑。他们在网络上发表阔论，有一大票网友。在科技进步的现代，这样的男人挺不错的，但除非你也是电脑迷，不然你很容易感到厌烦，而且可能成为没人爱的电脑寡妇。此外，能在电脑上侃侃而谈不一定能与人面对面自在沟通，他的人际关系可能要多观察。

（7）高科技型的男人。

他花几十万元买录放影机与音响，有高级的荧屏和喇叭，家里弄得好像小型剧院似的，除非他真的很有钱，而你也是此道中人乐此不疲。不然，说实话，听两万元的音响和听二十万元的音响有何差别？这样的享受换来的可能是每餐的泡面度日。

由此可见，女人恋爱不可盲目，应该拥有一双好眼力，像选鞋子一样看穿他的"性格特点"然后再选择合适自己的类型。

6. 爱情需要设计

女人的一生什么最重要？爱情和家庭！这两件事情都与一个人密不可分——男人。总有一天女人会发现，跟她们联系最多的是男人，关注最多的是男人，事业上交往最多的是男人，而与她们相伴终生的也是男人。

所以，女人在遇到一个自己心仪的男人时，一定不要轻易地让他逃掉。聪明的女人会主动创造机会，而不是等待机会。她们享受求爱的整个过程，这个过程浸透了她的耐心和技巧。如果你追男人，要记住耐心和高明的技巧是重要的。

办公室新来了一个打字员，叫华。她的电脑桌就在明办公桌前面，明一抬头便看见她那长发披肩、优美动人的身影。

华20多岁，是一个清清爽爽的女孩子。她喜欢穿T恤和牛仔裤，喜欢笑，喜欢吃零食。

华来到办公室还不到一个星期，便和办公室所有的人都混熟了——除了明。

明是一个性格腼腆、和女孩说不到半句话就会脸红的人。每次华拿着零食问明吃不吃时，明都赶紧摇头摆手。碰了几次钉子之后，华就不大理明了。

其实，明心里还是蛮希望和她说话的。但每次明坐在办公桌后悄悄看着她娇好的背影发呆被她回头发现时，明都面红耳赤，不要说主动跟她讲话，就连与她那双会说话的大眼睛对视一下的勇气也没有。

有时候，明真恨自己为什么会这么胆小。越是这样想，明上班时就越喜欢走神，工作上也出现了好几处不该有的差错。

正在明不知怎么办的时候，有一天，华的座位忽然空了，一连两天都不见她来上班。明的心里顿时不安起来，悄悄一打听，才知道她生病住院了。

晚上，明买了一束香水百合和一些水果，躲在医院门口，看见探望华的同事们都走了，才敢走进医院。

悄悄来到华的病房门口，明的心怦怦直跳，鼓足勇气推开病房的门，看见病床上的华正在安详熟睡，明这才松口气。

轻轻放下手中的东西，明呆呆看了华一会儿。

她睡得正香，略显苍白的脸上荡漾着少女迷人的微笑。一张樱桃小嘴抿得紧紧的，似乎是在极力忍着不让自己笑出声来。

明真希望她这一刻能够忽然睁开眼睛看他一眼，但又害怕她真的醒过来。她若用她那双会说话的大眼睛看着他，他又该和她说些什么呢？

明心中忐忑不安，蹑手蹑脚地向外走去，边走边回头看她那张美丽的脸，一不小心，头碰在了玻璃门上，十分狼狈。

"嘻——"就在这时，华忽然"扑哧"一声笑出声来。

明回头吃惊地问道："你，你没睡着？"

华歪着头调皮地笑着说："我若不假装睡着了，你敢进来吗？"

明的脸唰地一下红到了耳根，打开门像个被抓的小偷一样逃跑了。

几天后，华病好出院，明的心情却再也不能平静了。

明清醒地认识到自己已经无可救药地爱上华了。而华呢，从此以后也对明亲近多了，买零食总少不了分给他一份，还常跑到宿舍向他借琼瑶的小说看。

暗恋一个人实在是一件痛苦的事。好多次明都想告诉华他喜欢她，可话到嘴边他就口吃起来，怎么也说不出来，他真恨不得打自己几个耳光。

最后，明实在忍受不了，就写了一封情书，把想说的心里话全写在里面了。第二天下了班，明躲在公司门口，看见华走出来，他二话不说便冲过去把那封揣在口袋里已被他捏出汗水来的情书往她手里一塞，掉头便跑了，远远地传来了华莫名其妙的"喂、喂"声。

跑出好远，他的心还在怦怦直跳。

第二天晚上七点半，华打电话约他到石花公园门口说有话要对他说。

明知道有戏，兴奋得差点跳起来。哪知在石花公园见了面，看着身着连衣裙打扮得漂漂亮亮的华，他一紧张，老毛病又犯了，脸红耳赤，半天说不出一句话。

华又好气又好笑，让他在石凳上坐下之后，看着他说："明，我想问问你，昨天下了班你为什么无缘无故塞给我100元钱呢？"

"什么？"明差点跳起来，"昨，昨天我给你的是100元钱？"

"我，我……"他又说不出话来了。真该死，怎么会在这么关键的时刻犯这种致命的错误呢？

不过他一听说她并未看到他写给她的情书，紧张的心情顿时舒缓了不少，说话也不那么结巴了。他脑子飞快旋转，自圆其说地说："哦……是，是这样，我知道你刚来公司，开销比较大，怕你钱不够用，所以就，就……"

"就借100元钱给我？"

"正是，正是。"

华看着他如释重负的样子，忽然笑了起来，说："你真是雪中送炭，我在租房住，现在正缺钱呢。你身上还有钱么？再借我50元钱好吗？"

"好！好！"他一听，赶紧掏钱。

不久后，发了工资，华将钱还给了他。为了表示感谢，还请他看了一场电影。

一来二去，他和华混熟了，跟她说话再也不口吃了。

几个月之后，华就在不知不觉中成了他的女朋友。

一年后明被提升为公司部门经理，他们的婚礼也在这一天举行了。

婚后，他们一直生活得很幸福。

有一天，妻子在浴室洗澡，叫他帮她拿一件衣服。他打开她的衣柜，发现角落里竟藏着一本琼瑶的小说，他随手一翻，从里面掉出一封信来。

他拾起一看，竟是自己几年前写给她的那封情书。

他心里一震，冲进浴室一把抱住了她……

爱情需要设计，设计的爱情才鲜活。作为女人，你也有对心爱的人表达爱意的权利，你也可以做得很漂亮。不过把握好时机才是最重要的。要是"亮相"不够及时，恐怕是白浪费感情；如果"出镜率"太高，又让他见惯不惊。在什么时候才去主动，这要靠聪明的你随机应变。

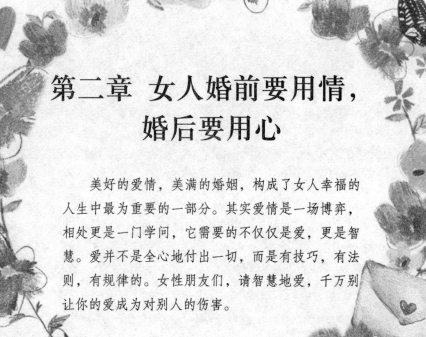

第二章 女人婚前要用情，婚后要用心

美好的爱情，美满的婚姻，构成了女人幸福的人生中最为重要的一部分。其实爱情是一场博弈，相处更是一门学问，它需要的不仅仅是爱，更是智慧。爱并不是全心地付出一切，而是有技巧，有法则，有规律的。女性朋友们，请智慧地爱，千万别让你的爱成为对别人的伤害。

1. 装糊涂是一种明智

古人云："水至清则无鱼，人至察则无徒。"这句话同样适用于婚姻。细细想来，我们汉字中的"婚"字，拆开来看，就是一个"女"字和一个"昏"字，假如女人不昏了头，糊里糊涂，也许世上就没有爱情和婚姻了。

清代著名诗人、书画家郑板桥曾写过一个条幅："难得糊涂。"条幅下面还有一段小字："聪明难，糊涂难，由聪明转入糊涂更难……"当然，这里所讲的"糊涂"是指心理上的一种自我修养，意在劝人明白事理，胸怀开阔，宽以待人。所以真正难得的糊涂，是一种聪明升华之后的糊涂；是一种涵养，心中有数，不动声色；是一种气度，得道高深，超凡脱俗；是一种运筹，整体把握，不就事论事。一个女人要是做到这些，她一定是最"糊涂"、最聪明的女人。

作为女人，对一些生气烦恼也无济于事的情况，要学会"糊涂"对待。"糊涂"既可使矛盾冰消雪融，又可使紧张的气氛变得轻松、活泼，从而保持心理上的平衡，避免许多疾患的发生。当女人处于困境时，"糊涂"一点能使自己保持心胸坦然、精神愉快，减少对"大脑保卫系统"的不必要刺激，还可消除生理和心理上的痛苦和疲惫。

在婚姻生活中，女人更要学会"装糊涂"。仔细想想，男人的爱情誓言差不多都是囊中羞涩、捉襟见肘的，如果女人哪一天心血来潮认真起来，略做考证，便可将那些豪壮又温馨的空头许诺批驳得体无完肤、片甲不留。但很多女人竟不动声色地默认了它，这不是她们被爱撩拨得一塌糊涂，而是超乎寻常的精明。她们悄然无声不做批驳，只从男人一堆的爱情诺言里寻找被爱的温暖和幸福，清醒地体味爱情的甜蜜。

　　有一段话是这样说的："当一个聪明的男人遇到一个同样聪明的女人，很可能会出现一场战争；当一个糊涂的男人遇到一个聪明的女人，则有可能引发一段绯闻；当一个聪明的男人遇到一个糊涂的女人，也许会共同打造一个天长地久的婚姻。"由此可见，"糊涂"的女人有一种独特的魅力。一个聪明的女人往往不易得到幸福，就是因为她把一切看得太通透，一切在她眼里都不是那么简单。其实，聪明并不只体现在智力上，更多的是体现在心态上。自以为聪明的女人并不聪明。真正聪明的女人知道，该糊涂的时候就要装糊涂，该聪明的时候就表现自己的精明能干。所以，幸福对她们而言唾手可得。

　　女人的一生都是美的，不同的年龄段会演绎出不同的美。小女孩的美似山涧奔跑的小溪，洋溢着清新明快；少女的美似一湾湖水，恬静宜人；成熟女人的美更像碧蓝的大海，博大包容，静谧深邃。女孩在结束爱情进入婚姻成为女人后，便会成为集多种角色于一身的综合体，这时的女人正是接受生活给你鉴定是否真正美丽的关键时刻，而这一时期的女人"糊涂"一些是最美、最幸福的。试想，一个工作出色的男人是会喜欢整日跟踪盯梢、吵吵闹闹的悍妇，还是喜欢一个在适当时候"装糊涂"的睿智女人？答案当然是后者。爱人就像女人手中的风筝，女人松一松手中的线，他会飞得更高、更远。在婚姻生活中，能跳过去、忽略不计的事情，女人就尽量不要和爱人计较，能模棱两可的事情就尽量尊重爱人的意见。这样，女人的婚姻才能幸福美满，天长地久。

何莉是一家报社的记者，事业心比较强，经常要出去采访，回到家里又忙着家务和工作，和丈夫的交流有所减少。

有一天，何莉没出差，难得一家人一起度周末。儿子忽然问："妈妈，怎么你在家里，林阿姨就不来玩了？"

"林阿姨是谁？"何莉问丈夫。

"是我们单位刚分来的大学生。"丈夫不好意思，脸有些红。

何莉没有再追问，只是哄着儿子说："下次我们请林阿姨来玩，好吗？"

何莉想想自己对丈夫如此信赖，可丈夫竟……思前想后，心里很难受。真想和丈夫大吵一顿，或者离婚算了。

过了一会儿，何莉情绪冷静多了，认识到自己经常在外，对儿子和丈夫照顾得很不够。何况自己并不能肯定丈夫和林的关系。如果不分青红皂白和丈夫闹，倒显得自己没理了。

她今天晚饭特地没让保姆做，自己麻利地弄了几个丈夫最爱吃的菜。

晚上，她把孩子哄睡之后，依偎着丈夫靠在床上，轻轻地说："我经常外出采访，让你一个人在家带孩子，实在太难为你了。我不在时你肯定好寂寞，就像我孤零零一个人睡在旅馆里一样。现在我靠在你身上才觉得好踏实，没有你的支持，我的工作一天也做不好。"丈夫一声不吭，怜爱地抚摸着何莉的头。

何莉轻声问："我们周末一起请她来吃晚饭好吗？"丈夫面有难色。

"你还不放心我吗？我不会让你为难的，更不会为难她。"

周末，何莉又一次亲自下厨。林来了，何莉热情地进行了款待。小林临走时，何莉特地让丈夫看孩子，自己独自一人把小林送下楼，拉着她的手说："怪我自己太工作狂了，对周（何莉的丈夫）缺乏照顾，谢谢你常来我家，也帮着照顾小周。看你这样温柔可爱，不知道哪个小伙儿会有福气娶到你。好了，不远送你了，有空欢迎常来玩。"一席话让林又是感激又是惭愧。

后来，林在何莉夫妇的帮助下，找了一个阳光帅气、年轻有为的男友，他们与何莉夫妇成了好朋友。平时一有时间，两家人就一起聚餐、游玩，别提有多开心了。

其实，在婚恋领域里，在夫妻相处中，只要不是方向问题、原则问题，糊涂地面对相互间的小矛盾、小摩擦不仅难能可贵，而且还是不可或缺的一门婚姻艺术。这对于密切夫妻情感、提升婚姻质量、打造家庭和谐尤为重要。

同在一个屋檐下，同在一座围城中，朝相见、晚相伴、长年厮守在一起，再和睦再恩爱的夫妻，也难免有摩擦、有矛盾，也会有舌头碰到牙的时候。在这种"家常便饭"面前，太认真了，太计较了，非得咄咄逼人地辩出个你对我错，争出个你高我低来不可，只能使"战事"升级，小事变大。久而久之，难免会"仇恨人心要发芽"，使稳固的婚姻发生裂痕，使亲密无间的情感产生空洞。

现实就是这么复杂又这么简单，夫妻之间，越做全方位的过问，越做精深细致的分析，便越使心理距离拉大，越使争吵不可避免甚至导致离婚。所以，夫妻之间还是"难得糊涂"的好。

当然，如果夫妻之间有一方装糊涂，另一方则认为是一种屈从的耻辱，爱同样有可能被葬送。所以，一些社会学家、心理学家建议：每个人在学习社会交往的同时，一定要先学会同你的配偶交往。这种交往不仅有夫妻思想感情无言的交流，而且应有心心相印基础上的关心和体贴，当然也包括双方在某些方面一定程度的妥协，达成这种妥协，最廉价的办法就是装糊涂。

其实，装糊涂是一种明智，是一种成熟。

2. 女人一定要善解人意

男人喜欢什么样的女人，这大概是女人私下里最热衷讨论的问题了。大多数女人认为，男人喜欢的应该是漂亮、妩媚、贤惠的女人。实际不然，大多数的男人还是对温柔的善解人意的女人情有独钟。

善解人意的女人不会在男人工作繁忙的时候抱怨他没有空陪伴自己，当然也不会刻意流露男人对自己没有太多温情的牵挂，更不会在男人辛苦工作一天后为一些小事无理取闹。最后的结果就是，丈夫每天开开心心，而身为妻子的你，也赢得了丈夫更多的欢心。

和刘辉相爱三年的女孩向他提出了分手，因为她想出国，所以她爱上了一个老外，这让刘辉很气愤。从此他一心扑在了事业上，不到两年的工夫，就有了自己的公司。但是在感情上他再也不轻易相信别人，他认为女人真是善变的动物，一点也不可靠。

刘辉把女人分为四种，第一种是外貌漂亮，但这样的女人大部分是花瓶。第二种是性格泼辣，她们做事雷厉风行，从不拖泥带水，适合做工作上的朋友。第三种是功利主义很强，为了钱或者前途可以舍弃一切，他以前的女友就属于这类。第四种是温柔，善解人意，她们聪明却会装傻，装傻是为了照顾男人的面子和自尊，装傻是一种宽容，宽容男人犯的一些小错误，由此男人会对她们充满了感激。他最喜欢最后一种，但是他觉得生活里这类女孩太少了，几乎不存在了。

后来经一些好心的朋友介绍，他认识了菲菲。在接触中他惊奇地发现，菲菲就属于他喜欢的那一类女孩。比如，在朋友的聚会上，他喜欢海阔天空地神聊，菲菲总是用赞许的眼神看着他。但聚会过后，他会收到菲菲给他开的"处方"。那些纸条有时藏在他的衣袋里，有时夹在书里，上面的字句，婉转地纠正了他的一些说法。刘辉对她的温柔做法和良苦用心自然是很领情的，同时心存感激。最让他感动的是，她竟然用装傻的方式，原谅了他的一次感情错误。

在刘辉和菲菲交往一年多的时候，他向菲菲求婚了，然后他们就开始买房子准备结婚。可就在他们准备结婚的前一个月，那个和他相恋三年的女友回来了，给他打电话，说要见他。这让刘辉犹豫起来，他原以为自己沐浴在菲菲爱的阳光下，已经忘记了那个为了出国抛弃自己的女人。可是他无法骗自己，他的心里还有她的位置，他开始动摇，他告诉自己，自己只是和她见面，只要不让菲菲知道，是不会伤害到她的。

于是，他为了和她见面，多次编谎言说要加班，后来竟然鬼使神差地以出差为借口，和她一起去了海南。在那里，她的这位前任女友告诉他，那个曾经要带她出国的男人，去了美国之后就杳无音讯了。现在，她又把刘辉当作了救命草，一定要他帮着办理加拿大技术移民，还规划着他们俩的未来。刘辉忽然发现，眼前这个女人是那么的任性和自私，与善解人意的菲菲是没法比的，想到这，心里非常后悔。

他不敢给菲菲打电话，就打到家里，她妈妈说："菲菲这孩子真好，今天我不舒服，她来给我输液呢。儿子啊，菲菲这孩子不错，你也老大不小了，要知道珍惜。"

刘辉嘴里答应着，心里更加不是滋味，他的妈妈又说："对了，你这孩子是不是欺负她了？我见她眼睛红肿，便问她怎么回事，她说和一个同事闹别扭。我看不像，她那么好的一个姑娘怎么会和同事闹别扭呢？"刘辉忽然打了一个冷战，这些事公司里的同事都知道了，菲菲怎么会不知道呢？想到这里刘辉忽然害怕起来，他第一次感到自己是如此的害怕失去她。

一夜未眠，第二天一早，他就飞回了北京。在飞机上，他坚决果断地对前任女友提出的种种要求说"不"，这好像是第一次拒绝她。他忍受了她那么多次的无理要求，这次他终于有勇气去拒绝了。

重逢的那一刻，他看到了菲菲红肿着双眼，依然装出很快乐的样子迎接他，这让他感到一阵心疼。他明白她的意思，什么都没说，只是紧紧地把菲菲拥到了怀里，他想：这一辈子，他都不要菲菲再为他担惊受怕，他要好好地爱她，给她幸福。

一个善解人意的女人，能及时感受到丈夫的潜力，帮助丈夫发挥潜力。这样的女人能够及时地发现自己的丈夫处于成功位置之时所需要注意的细节，并能将这些细节在不失体统的情况之下及时提醒给丈夫。那么一个女人为何会对自己的丈夫如此体贴周到，而不是抱怨连连呢？

其实很简单，就是因为这样的女人对人生已经有了一定的感悟，她知道自己身边的这个男人虽然是她今生今世的至亲至爱，但作为一个个体的男人，他那颗心在属于她的同时，更多的还是属于他自己，他知道，在男人骨子里事业还是胜过爱情。因此，善解人意的女人无论在什么时候都不会把男人当成自己的私有财产，要男人对自己言听计从，不会在男人忙于工作时抱怨男人不顾家，也不会让男人时时刻刻牵挂着自己。善解人意的女人知道好男人就像是在高空中盘旋的鹰，只有当这只鹰很累了，或是想休息时，才会回到女人身边，才会想起享受他的爱情。

作家李敖对善解人意的女人有十分明晰的标准，他说："真正够水准的女人，聪明、柔美、清秀、妩媚、有深度、善解人意、体贴自己心爱的人，她的可爱是毫不嚣张的，她像空谷幽兰，只是不容易被发现而已。当你发现了这种女人，你才知道她多么动人。一通电话，她使你魂牵；一封来信，她使你梦萦。在大千世界里，两情神驰。"

当然，聪明的女子有明智的头脑和温柔的情怀。她们善解人意并不是一味地迎合和纵容对方，而是指在遇到事情时，能尽量用自己的心去体会对方的心，用自己的感觉去体会对方的感觉。人无法要求别人善解人意，但自己做到善解人意，最大的受惠者往往不是对方。善解人意的女人是男人最渴望接近的女人，也是燃烧、唤起男人激情的女人。好男人不会因为女人善解人意的谦让而得寸进尺，反而会心存感激。在现在这个浮躁的社会里，只有善解人意的女人才是男人的家庭港湾，男人休憩心灵的圣地。

不仅如此，女人的柔情可以使男人在社会中增加自信，在家里解除疲劳。因为男人都是既刚强又脆弱的，甚至有的男人会把荣誉和脸皮看得比生命还要重要。善解人意的女人知道在男人的精神世界里有哪些禁区，如何保护男人的尊严不受伤害，绝不会去和男人斗气斗勇，像泼妇一样把男人打得像只斗败的公鸡才善罢甘休。而男人都极具理性，事后他们会对这善解人意的女人心存感激而宠爱她一生。

在生活的河流上，懂得知恩感激的男人和善解人意的女人已经不能仅仅用风雨同舟来形容了。因为在男人眼里，善解人意的女人绝不仅仅是坐船的，也不仅仅是划船的，而是帮助自己共同撑船的。两个人能于千万人中碰到，又能幸福地一起走完一生，那是需要两个人的力量来支撑的。所以说，理解爱人的女人才是有魅力的幸福女人。

善解人意，不应仅从文字上做善于揣摩人的心意去理解。其"善解"的"善"，也不能仅作"善于"解释。它还应包含善心、善良的愿望这层意思。善解人意，首先要与人为善，善待他人，而后才能理解人、谅解人、体察人，体现出人格的魅力。

俗话说，"善心即天堂"。只有怀抱善心的人，才能爱人，欣赏人，宽容人。本来，人字的结构是互相支撑，懂得相互接纳、相互合作、相互融洽。尊重丈夫的优势和才华，也宽容丈夫的脾气和个性。无论是对丈夫还是对家人，完全是欣赏对方美好的地方，而不去计较他的缺点，或者说与自己不合拍的地方。不能理解的时候，就试着去谅解；不能谅解，就平静地去接受。有人说："人生最可贵的当口便在那一撒手。"而善解人意者就很具有这种"放人一马"的涵养功夫。

有人说："用你喜欢丈夫对待你的方式去对待丈夫。"每个男人，都是需要别人理解、同情和尊敬的。推己及人，与丈夫相处应该豁达一些，来个"礼让三分"。若如此，那么沐浴我们的必将是阵阵和煦的春风和一片灿烂的阳光。

善解人意，还表现在善于体察丈夫的心境，给他以及时雨一样的帮助，让温馨、祥和、慰藉来沟通心灵。比如，对窘迫的丈夫讲一句解围的话，对颓丧的丈夫讲一句鼓励的话，对迷途的丈夫讲一句提醒的话，对自卑的丈夫讲一句振作的话，对痛苦的丈夫讲一句安慰的话……这些非物质化的精神兴奋剂，既不花什么金钱，也不用耗多少精力，而对需要帮助的丈夫来说，又何啻于干旱中的甘霖，雪中的炭火？

善解人意的女人知道男人既刚强又脆弱，而且有的男人把荣誉和脸皮看得比生命还重，因此善解人意的女人知道在男人的精神世界里有哪些禁区，她总是很小心地不去碰这些禁区，她总是想着不要使男人的尊严受到伤害。

当男人被某种事情纠缠住，男人自己不愿或不便去解决，想求助自己的女人时，善解人意的女人绝不会拿捏，她会在男人还没开口时就去把那件事办妥，过后就当没发生过这件事一样。

善解人意的女人深知平平淡淡才是真，精心别致的晚餐，生日时的一份礼物，读书写作时送一杯香茗，点点滴滴都是情。

作为女人，如果能把善解人意作为一生的功课来做，这样的女人会一生幸福。

3. 宠他的胃，拴他的心

打开男人的心有两条通道：一是感情通道，二是食道。要想控制男人得先控制他的胃，走进厨房，不仅可以整理自己的心情，还可以把爱融入其中。可口的饭菜是老公永远的惦记，即使外面很精彩。爱情亲情就会在厨房里延续，那么你就会是一个幸福的女人。

记得小时候读过一首古诗，是描写一位新娘的心理的：新娘嫁为人妻的第二天就早早起床入厨房烧饭做菜，她怕自己烧的菜不好吃，便先夹给小姑尝一尝。寥寥数语，古时一位贤惠妻子的形象便跃然纸上。

在古代，厨房天经地义是女人的领地。一个女人的才艺与厨艺应是衡量这个女人贤惠与否的标志。直到今日，女人入得厨房、出得厅堂还是许多男人梦寐以求的择偶标准。

有句经典名言说："要想拴住男人的心，就先拴住男人的胃。"英文里面有一句话是说：女人如果想讨好男人，必须给他做好吃的。事实的确是这样。相对美满的婚姻都是夫妻双双津津有味地到处找好吃的东西，吃不到一起就肯定住不到一起。

苏东坡一生有三个女人。在他死后，是与一个丫鬟葬在一起的。因为这位丫鬟陪伴着苏东坡的后半生，经常给他备下酒小菜，这在某种程度上大大激发了苏东坡的创作热情。可见男人的心与胃是紧密相连的。

　　男人的胃对女人很重要，而女人有时候不得不改变自己的口味来迎合男人。很多嫁给老外的中国女人，原来肯定是根本不沾奶酪之类的洋食品，而现在却非常重视发掘有好的奶酪的商店。朋友一起吃饭，她们也能夫唱妇随地跟着啃奶酪，而且有时候还赞不绝口。对自己丈夫的"洋胃口"有钻研精神的女人还学会了给奶酪配酒，让所有人都认为她的"胃"已经真的"嫁鸡随鸡，嫁狗随狗"了。

　　当然，当今社会，男女平等，男人女人都有一份自己的工作，都有各自需要操心的事儿，为什么就得让女人辛苦付出去抓住男人的胃呢？何况，家庭是双方的，需要双方精心维护，谁有空谁烧饭呗。如果你能找到称心的钟点工帮你烧饭，或者你就是喜欢天天下馆子、叫外卖，就另当别论了。

　　但是，无论是从家庭天伦之乐的角度还是营养与饮食的关系考虑，也要重视一顿晚餐。试想一下：华灯初上、夜幕降临，餐桌上摆放着三四个色、香、味俱全的小菜，或者再来点葡萄酒、啤酒，一家人围坐在一起，津津有味地吃，轻声地说笑，是多么惬意的时光。用餐完毕，带着这份惬意，又各自忙各自的事情去了。

　　其实，要做好一顿晚餐也并不太难，主要是两点：一是观念，二是巧安排。所谓观念，除了上面提到的，还有膳食平衡与健康的关系。万事观念在先。只有心底里有强烈的意识，你才会孜孜不倦、持之以恒。所谓巧安排，就是稍微花点心思，做到既快又好。

　　晚餐大致可以这样安排：有海鲜类、肉类、素菜类、汤类，三菜一汤或二菜一汤。冰冻的或易于存放的海鲜类有：虾仁、北极虾、赤贝、海蜇头、海蜇丝、带鱼、黄鱼、乌贼等。肉类有：牛辗、小排、大排、五花肉等。蔬菜及其他：土豆、萝卜、海带丝、裙带菜、胡萝卜、青椒、花菜、番茄、鸡蛋、青豆、玉米、豆腐、黑木耳、芹菜等。

当然你不必在周末全部准备好，可在周三增加一次。这样，周末既不会太累，还可以保持一周的新鲜。你可以将大排、带鱼、黄鱼下油锅煎好备用（清蒸就不必了），五花肉、大排烧好，牛肉汤或小排汤烧好。

根据以上的准备，你可很快搭配出有海鲜、有肉、有蔬菜、有汤的一顿晚餐。比如：红烧或清蒸带鱼、小黄鱼；红烧肉或大排；拌海带丝或裙带菜、海蜇头、海蜇丝；番茄蛋汤或番茄炒蛋；虾仁豆腐（放点胡萝卜丁、小青豆）、牛肉土豆汤、小排萝卜汤、花菜、青椒、黑木耳炒芹菜；豆汁蒸赤贝；乌贼炒芹菜。如果有空经过菜场，你可顺带些新鲜绿叶蔬菜回家。这样的一顿晚餐，一个小时之内完全可以搞定，当然，晚上睡觉前或下班的途中，你还得花点搭配的心思。

女人白天忙碌，下班后匆匆赶回烧饭的现实又严峻地等着我们。只要我们怀着对家人的爱，动点脑筋，巧作安排，又快又美味的晚餐就等着我们享用了！

男人遇见一个入得厨房的女人，是他的福气；女人若遇见肯为她下厨房的男人，也是她的福分。

魅力女人懂得在适当的时候让老公下一下厨，让他也体会一下女人的辛苦，若不然肯定会助长男人的大男子主义。你想他每天一回家就有热腾腾的可口饭菜，一吃完便嘴角一抹溜之大吉，剩下满桌的狼藉让你收拾。久而久之他便习以为常，以为一切都是天经地义，日后稍有怠慢，他便要要起大男人的脾气。到了这等地步，哪怕你暗自伤神、叹息、垂泪也枉然。所以隔三岔五的，你还得让他下下厨房，目的不仅在于换一换口味，还要让他知道，外面的菜是多贵，还有再怎么山珍海味也吃不出"家"的味道，千好万好没有老婆烧的菜好。

如此说来，厨房也是幸福女人用心计的地方。一个男人吃惯了你烧的菜，一旦离开了你，肯定有一万个不习惯，即使外头的饭菜再香，他也会贪恋老婆烧的家常小菜。

热爱厨房，说到底是源自对你爱的人和爱你的人的爱。因为爱他，所以你就会想着法子让他快乐，让他的胃口快乐。从这方面说，爱厨房就是"悦人"，能悦人的人自然也会因为别人能悦自己——他们因为你的厨艺而快乐，当然也因为你而快乐，他们的快乐当然也就是你的快乐。一个女人，能因为爱厨房而悦人，自然也就能悦己了。

4. 半糖夫妻，天长地久

"我要对爱坚持半糖主义，永远让你觉得意犹未尽，若有似无的甜才不会觉得腻；我要对爱坚持半糖主义，真心不用天天黏在一起，爱得来不易，要留一点空隙彼此才能呼吸……"不知你是否听过由SHE演唱的这首叫《半糖主义》的歌。也许因歌而起，我们可以发现，现在的婚姻生活中开始流行一种新的生活方式——"半糖夫妻"。

"半糖夫妻"，说的是同城分居的婚姻方式：两个人婚后并不生活在一起,而是过着"五加二"的生活——五个工作日各自单过,周末两天才与"自己的另一半"聚首。

"半糖夫妻"同城却刻意两处分居,动机有二:担心腻一起会把激情消耗殆尽,又或是夫妻个性相反不愿在平淡中互相折磨。说得具体点就是,"王子和公主从此开始了他们的幸福生活"后却发现:婚姻中有太多的柴米油盐,日子不再是热恋中的美酒加咖啡,而更多的是淘米洗菜的自来水;王子开始长啤酒肚、掉头发,公主在家懒得洗脸梳头还变得唠叨……于是王子和公主不愿意延续这样的俗气日子,当起了"半糖夫妻"。

半糖主义,说白了就是一种健康向上的生活态度,如果你生活的过于贫苦,一定会有种沮丧且失望的态度;如果你生活的过于甜美,一定不容易发现自己是那么的幸福,当然也不会懂得珍惜现在的生活。因此我们说,生命的最佳状态就是不回避烦恼与苦难,同时学会给自己的生活加半勺糖,在若有若无的生活中体味生命的香甜,领悟甘苦参半的人生。

英国剑桥大学教授布洛曾提出"心理距离说"。他指出审美活动中必须在主体和对象间保持一定的心理距离。如果距离太大,主客体脱离联系,引不起审美经验。

相反,布洛"心理距离说"认为如果距离太小,主客体过于贴近,也引不起审美经验,即距离太近,反而看不见对方的优点,看见的只有对方的缺点。无论是夫妻间还是恋人间,就像放风筝看油画,让出一点距离以保证能得到最好的欣赏水准。但这个距离一定要把握好,就是既不能离得太远,也不能离得太近。

距离太近了容易看到瑕疵,距离太远又有失控的危险。调整距离是个技术活，不容易的东西其实才应该是我们的兴趣之所在。在视觉所在的距离，在控制能到的距离，才能有美感，才会刻骨铭心，令人难以忘记。距离才能产生美，适当的秘密在有时候也会让你们的爱情更加长久。

因为每段爱情都可能来自两人相遇时瞬间迸发的热情，但这只能是为你们的爱情打下良好的基础，但甜得发腻的爱情必会在现代社会中让人生厌。

因此，有人告诫女人们说：女人永远不要让男人知道你有多爱他，这会让他自大。这可真是对爱情生活的真知灼见啊！

看看现实生活中的男女，当两个人相爱的时候，如胶似漆，"一日不见如隔三秋"，爱情是他们生活的全部。可是腻久了必然会分，因为他们爱得投入，爱得热烈，爱得失去了自我。等到有一天，两人都累了、倦了、厌了，爱情也就画上了句号。因此，对处于爱情中的人们，不妨切实开始你的半糖主义生活，这样才有更大的可能使你们的将来修成正果。

妍是一个颇具惊艳之美的女孩，刚进入大学校园不久，便受到很多男生的追求。最后，妍在众多的追求者中，选择了一位心仪的男孩作为男朋友。但外表的美丽并没有使妍得到想象中的爱情，而她又是一个痴情的女孩。

与男友刚开始交往时，他们简直如胶似漆。每天晚自习后的短暂时间当然不能慰藉两人间的相思之苦，于是他们开始了同居生活。此外，妍每月的生活费全权由男友来掌管。这样使得妍不得不向男友每天要伙食费，不仅如此，就连妍买一些生活必需品与一些零食都需要向男友申请。

原本以为生活在一起可以增进彼此之间的感情，但越来越多的矛盾却在他们之间上演，争吵也越来越多，甚至多次提到了分手。但每次妍吵完架后搬回宿舍住时，他们之间的关系却又出奇地好了起来。这一切妍和男友都看在眼里，最终他们得出结论：只有"半糖主义"的爱情才能长久，而腻久了的爱情必然会分。因此，妍与男友便开始过起了"半糖主义"生活，然后是"半糖夫妻"。现在的他们仍坚持爱情半糖，因为他们觉得爱情半糖，地久天长。

当然了，对"半糖主义"也有反对的声音，他们觉得"半糖主义"是现代人感情脆弱、自私的表现，是在逃避爱情责任的同时，还将注定无法享受爱情的甜蜜。

有人不赞同这种说法，因为自古就有"久别胜新婚"的俗谚，也有"两情若在久长时，又岂在朝朝暮暮"的爱情咏叹。何况，"半糖主义"的爱情实质，仍然是"白头偕老"爱情观的延续，是现代人对"永恒"爱情的一种渴求。以空间换时间，以留白换甘甜。既然耳鬓厮磨的爱情令人始乱终弃，那么，爱情半糖就是让爱情既保鲜又长久的折中办法。"半糖主义"的生活才是最适合发展的长久之计。

5. 信任是婚姻里一根牵心的线

许多媒体曾报道过一个陕西妇女的事情，她多年来像福尔摩斯一样，不断地追踪丈夫，搜集婚外情证据，并和一些经历相似的中年妇女一起成立了一个专门调查婚外情的女子侦探所。从道义上讲，也许她们应该得到支持，但从挽救婚姻的角度，这并不是很好的做法。

信任是婚姻最基础的元素。找人来调查，就是把丈夫贴上了"嫌疑人"的标签，让他感觉自己已完全不被信任了。如果丈夫是清白的，那么他会觉得很窝火："我辛辛苦苦为了这个家在外面没日没夜地打拼，却遭到这样的怀疑，值得吗？"为了挽回尊严，其结果可想而知。如果丈夫确实有了婚外情，这样的调查可能会把他逼上绝路，面临丢掉工作、失去社会形象和名声的危险，等于把他往另外一个女人怀里推。可见，女人用调查的方式来拯救婚姻是南辕北辙的下策，也是不成熟女性的做法。

然而，成熟的女性以豁达的气度去理解、支持丈夫的事业，相信自己的丈夫。你既要对丈夫抱有警惕，但又不能"拎着醋瓶子到处走"。不要随便怀疑和无端指责，更不能偷偷摸摸去打听、调查、寻找所谓的证据。

每个人都有属于自己的感情世界，这是谁都无法抹去的事实。但那只是人生中的过眼云烟，你不能追溯到过去去阻止他。因此，无论你面对的是自己的过去还是对方的过去，都应该以一种理性和信任的方式去解决它，而不是把它变成自己生活的负累。过于看重不愉快的往事会给自己带来伤害，也会给对方带来不必要的痛苦，最终将会导致两个人的感情出现裂痕。因此，不要活在彼此过去的影子中，要走出痛苦的阴霾，面对现在的美好生活。

有个叫玲玲的女人，她的故事或许能给我们更多的启示。

丈夫有女友已好些年了，我知道这事也好些年了。那时，丈夫与其女友是电大同窗，在一个城市，而我在另一个城市。后来丈夫来到了我的城市，他的女友则去了另一个城市。城市不城市的倒没什么，辗转来辗转去，丈夫还是丈夫，女友还是女友。

有一次，我与丈夫散步到了他上班的办公楼前，我突然对他的办公桌抽屉有了兴趣——焉知那里藏了一个男人的什么秘密？我想到说道："你的女朋友最近来信了吗？"丈夫一警惕："前一阵子来了一封，忘了带回家。""能看看吗？""怎么不能？"丈夫做出迫不及待的表情。我笑了："她向我问好了吗？""问了。""既如此，不看也罢。"我把手一挥，很洒脱很大方地转身而去。奇怪的是，后来我把这事作为笑话讲给周围的女士们听时，竟没有一个人相信它的真实性。

丈夫与他的女友不仅通信，还相互留有电话号码，那么他们肯定还要通电话。除此之外，逢年过节，两个人之间，还时有精美的或不那么精美的贺卡传递。关于这一切，丈夫似乎并无瞒我之意，所以，我也从不把它放在心上。说真的，我要操心的事很多，哪有时间和精力瞎捉摸他们的事。

自从丈夫与我做了同一个城市的市民后，偶尔，我就从丈夫的口里听到了他的女友的一些消息：去了一趟香港啦，在深圳拍了照片寄来啦，女儿唱歌比赛获奖啦……当然这些都不重要，重要的是，这位女友是个离异了的单身女人。这个背景提示给我这样两个信息：第一，丈夫与她交往，没有什么麻烦，至少不会有男人打上门来与他决斗——那样影响多不好呀；第二，丈夫若对她有意，至少在她那方面是没有客观障碍的。知道了这一点，我虽稍有不悦，但转而一想，难道我和丈夫之间的关系，还要取决于别的女人的婚姻状况吗？那岂不是太可笑了？于是由它去。

后来，大概是觉得光通过传媒交流感情还有不足吧，丈夫和他的女友，还借出差的机会，在这个城市或那个城市见过面。丈夫去见他的女友我自然不在场。奇怪的是，他的女友到我们城市来过两次，我也总是在他们见过面吃过饭谈过话以后才得知，我说你怎么不请她来家里玩呀，丈夫说她忙着走呢，汽车都等在招待所大门外了。我说真遗憾，那就下次吧，丈夫说那就下次吧——其实我压根儿也不遗憾。

关于丈夫和他的女友的故事看来还要继续下去。有很长一段时间没听丈夫说起过他的女友了。不过一般来说我不过问，他也不会主动提起他的女友的。当然这话也不全对，比如，好几次他和女友见面的事都是他自己回来说的，不然我哪儿会知道呢？

不过也不是每次都这样。有一次丈夫到北京出差，本可以晚一两天走的，他却执意要提前动身。我说要不要我送你，他说免了。当时我就猜他已与女友联系好了，所以不能更改。丈夫走了以后，我到婆婆家度周末，一大家子正坐着吃饭，说起他来，我说他去会女朋友去了，大家笑得喷饭，以为我很幽默。我说是真的，他的女朋友叫赵×，在哪里工作，离婚好几年啦。丈夫的兄弟媳妇说，那你可要当心哇。我说真要有什么，就随他去好啦。后来丈夫从北京回来，晚上躺在床上，我问他，是不是与女友会过面？他说你怎么知道的，我说这还猜不到呀。这样，我才知道，女友果真到车站接了他，两人还在什么咖啡厅里度过了好几个小时——至于谈了些什么，我没问，也不想问。

　　据我的观察，这么多年来，丈夫与他的女友，也就是个女友而已。即或两人之间真有点儿什么微妙的东西，也是可以理解可以容忍的。因为，人人都会有只属于自己的东西。丈夫虽然做了我的丈夫，他依然有权利为自己的心灵保留点什么，我不情愿、不承认也无济于事。有的男人或女人就是在这点上想不通，给自己的生活增添了许多烦恼——我可不愿那么傻。

　　玲玲是个成熟的女性，她善于去理解、信任丈夫。也正因为这点，他们夫妻间的感情反而更加牢固。丈夫的女友仅仅是女友而已，她永远不能取代玲玲作为妻子在他心目中的位置。设想一下，如果玲玲阻止丈夫和女友之间的交往，甚至对丈夫疑神疑鬼，监视丈夫的行踪，就完全有可能造成把丈夫推向他的女友的结果。

夫妻间最有价值的理解和信任，是增进感情的最有效的渠道，因为这是知己者的欣赏。成熟的女性知道如何用独特的魅力去取悦丈夫。

6. 体贴入微地照顾丈夫

有这样一个故事：

莉是一个幸运的"女强人"。因为她及时纠正了自己的错误做法，挽救了自己的婚姻。

莉在大学期间认识了她现在的丈夫，他们的恋爱速度很快，毕业后两个人便踏上了婚姻的红地毯，走到了同一个屋檐下。

婚后的生活温馨和谐。但莉是一个不安于现状的女人，本来她有着一个美满的家庭，有着一份轻松体面的工作，如果换成别人，可能就会感到心满意足了，可莉没有。

有一天，莉在当地的晚报上看到了一则合资企业的招聘启事，她把自己装扮一新面试去了，没想到一下子就成功了，于是她成了这家合资公司里的一名正式员工。莉很有才华，随着进公司时间的增长，她一路顺风地走了过来，并且节节高升，由主管到部门经理。如今的她，有公司专用的小轿车接送上下班，她的收入也明显地高过丈夫。

莉是一个深受丈夫宠爱的妻子。丈夫为体恤她的辛苦，担起了所有家务。每天，丈夫走进家门的第一件事，就是系上围裙下厨房；有时莉回家躺在床上撒娇，丈夫还得坐在旁边笑脸相陪；有时莉由于工作不顺心回家发脾气，丈夫还得哄她开心；有时因业务的需要，几天不回家，丈夫就要一人独守空房。

丈夫很体贴她，总是很小心地看着她的脸色行事。这常常让莉感到生活真是太幸福了。

莉沉浸在自己的幸福之中，却忽略了丈夫的感受。她的一切有丈夫包容，可丈夫的一切却无人包容，他只有自我调节，独自忍耐。这种长时间的克制与隐忍使丈夫日渐沉默寡言，莉有所察觉，却不明其理。但丈夫这个样子却又令她十分心疼，她知道丈夫思念家乡，于是她向丈夫提议他们一起回老家看看，丈夫欣然同意。

婆婆看到他们的归来，欣喜万分，急忙下厨做饭，一碟碟的美食佳肴端上桌来。吃饭时，婆婆从冰箱里拿出了儿子最爱吃的"臭豆腐"。丈夫看了莉一眼，然后摇摇头，他知道妻子最烦那种气味。

"下次你一个人来时再吃吧，我给你留着。"婆婆似有所指地接着说，"男人在外跑，也很不容易啊！"这时，莉察觉到丈夫的眼圈有点红。

莉心有所触，突然发现自己在丈夫面前只是一味地索取，却从没有真正地付出，特别在自己的事业日渐攀升的今天，更是忽略了对丈夫的关心体贴，忘却了一个人妻应做的事情。于是，她决定尝试"扮演"一回婆婆。

这一天，莉特意提前下班，准备了一桌丰盛的饭菜，还把一瓶"臭豆腐"放在醒目位置。丈夫回来后，她已给他准备好拖鞋和洗澡水。吃饭时，她忍着臭味，专注地看着丈夫有滋有味地吃着最爱吃的"臭豆腐"。丈夫的眼圈又红了。

从此，撒娇不再是莉的专利，丈夫也不再刻意掩饰失意和哀愁。

家庭的温馨和亲情的馥郁，永远都是我们最渴望、最迷恋的生活内容。推开那些不必要的应酬和令人头痛的聚会，把更多的时间花费在与家人的共处上，这对任何一个有家的人都是非常必要的。

结婚，不只是做别人的丈夫或妻子，而且也是和一大串亲戚与大把的责任结合。只有将心比心，换位思考，妥善处理，灵活协调好各种关系，方有家庭的安宁和祥和。

7. 爱需要包容

俗话说："金无足赤，人无完人。"没有不犯错误的人，夫妻生活在一起，如果你的左口袋里装的是包容，右口袋里装的是原谅，那么今天会在你的左口袋里收获幸福，明天会在你的右口袋里收获快乐，时间久了，身边充满着幸福与快乐。如果在你的左口袋里装的是埋怨，右口袋里装的是嫉恨，那么今天会在你的左口袋里出来痛苦，明天在你的右口袋里出来烦恼，时间久了，身边都是痛苦和烦恼了。妻子能包容丈夫的缺点，丈夫能原谅妻子的问题，这就是一种爱。

每天傍晚，当你看到林荫小道上那对手牵着手漫步的身影时，人们都会投去羡慕的眼神。却不曾想到几年前他们的婚姻却濒临死亡。

　　健和洁是经朋友介绍认识的，虽然说不上一见钟情，但彼此都很满意，相处了半年后，两人便步入了婚姻的殿堂。起初两人的感情很好，每天被甜蜜包围着。可是后来当健和朋友创业后，健越来越忙，为了健能安心发展自己的事业，洁辞去了工作做起了全职太太。那段时间，洁主内，健主外，夫唱妇随，尽管有些忙碌，但是心里却还是甜的。可是不知从什么时候起，洁感到丈夫变了，他经常很晚才回家，有时甚至是夜不归宿。女人的第六感提示洁的爱人出轨了，虽然洁找了好多借口告诉自己那是外面的传言，可是当那个女人找上门时，洁不得不承认，与自己相濡以沫的爱人经不起商场上的诱惑，有了另一个女人，而那个女人还未婚，两人相识于一次业务谈判，她看上了他的豪爽、义气以及对妻子的那份执着，于是她对健发起了爱情攻势。正所谓"没有拆不散的夫妻，只有不努力的小三"，在她的不断努力之下，健终于弃械投降了，跟她开始了地下恋情。

　　可是当她不甘做地下情人，把十万元钱放在洁的面前，告诉洁，她希望自己能嫁给健时，洁愤怒到了极点。

懂老公的
女人
最幸福

洁把那些钱和她一同赶了出去。

得知真相的洁有些难以接受丈夫的背叛，她开始卧床不起，一个星期以来就那样傻傻地躺在床上，睁着眼睛却什么也不说，要不是医生给她输入的葡萄糖，恐怕早就没命了。终于在亲戚朋友的不断劝说下，一个星期后的她才开始进食，打消了死的念头。但是她坚持跟健离婚，并且很快写好了离婚协议书。

自然，健是坚决不签字，因为他知道自己爱的人是洁，那个女人只是一个意外，社会诱惑下的一个意外，而真正陪伴自己一生的女人是洁。可是洁离婚的意念很坚决，于是，她想到了通过法律来维护自己的权益。

可谁知在这当口，健的事业出现了危机，亏损数万，债主整天上门要债，健举步维艰。就在此时，洁离婚的意念动摇了，那是她用全心全意去爱的男人，尽管他背叛了他们的爱情，可是在他最困难的时候，自己竟无法弃他于不顾。于是，洁撕毁了那份离婚协议，选择以一颗博大的胸怀原谅丈夫的过错，当洁走上去，握住健的手时，健流下了悔恨与感动的泪水。随后她和他并肩作战，开始新的奋斗。而她们的爱情也经过这一次的考验而变得更加坚定与温馨。

婚姻需要包容，包容是快乐之本，包容是"执子之手，与子偕老"的基石，包容是天底下最伟大的爱！

可是也有许多人借"因为爱，所以在乎"来衡量爱情分量。心里容不得一粒沙子的侵袭，一点误会便红了眼，伤了心，瘦了身子，却不会去想，这究竟是为何？

杰与娜虽然分融两地，但一直是一对互敬互爱的模范夫妻。杰由于工作原因，与家人相聚的时间很短，而娜为了照顾双方父母和孩子也没有时间去探望杰。可是这对夫妻却因为一件事而闹了很大的矛盾，甚至闹到法院去解决。在法庭上，娜哭诉："结婚这么多年年，他一直工作在外，我独自一人在家，既要侍奉老人，又要教育孩子，样样为他做得周到、圆满，让他没有后顾之忧。他归家探亲期间，我特意向单位请了假，在家陪他，给他做他最喜欢吃的菜，家务活一样也不让他沾，只是一心让他得到最多的休息和快乐。他归队时，我把家里的全部积蓄给他带上，生怕他出门在外受罪。可他却因为我说错了一句话而扇了我一个耳光……他没有人性，我要和他离婚！"

　　听完了娜的哭诉，杰申辩道："我在外工作，常常想家，尤其想她。她对我的好，我都收藏在心底。每当寂寞的时候，都是那些回忆陪着我走过的。在我的心目中最完美的女人就是她。可是在我回家期间，一个多年未见的好友专程从邻城坐车来看我时，只是在我家里喝酒的时间长了点儿，她就当着我的面，摔盆砸碗，满脸不高兴。我小声提醒她，她反而更大声地批评我的朋友没文化，闹到最后，大家不欢而散。没想到我心中的完美女神竟这般庸俗、没教养、不宽容别人、和她这样过下去，还有什么意思？"

　　听完了杰与娜各自的话，发现问题的关键在于夫妻之间不能彼此包容。一方面，丈夫的错误就在于没有包容妻子的感受。仅有的几天相聚，对深爱他的妻子来说，是十分珍贵的。在妻子看来，她已经尽到妻子的责任了，热情款待了他的朋友，只是他这个朋友实在不知趣，没完没了地喝酒畅谈，把本应属于妻子的时间夺走，她自然不会高兴。另一方面，妻子的错误在于没有包容丈夫的感受。男人对女人最大的要求就是接受，接受他这个人，就必须接受他的一切，无论好的坏的。在丈夫看来，朋友来看他，是对他的重视，是他们男人间友谊的体现，无论朋友做了什么，都是应当接受的。所以，当妻子发泄不满当众反对他时，便惹恼了他，使他觉得自己在朋友面前失了面子。结果，因为双方的不包容，一个美满的家庭被解体，一对恩爱的夫妻变成了陌生人。

朋友，与相爱的人在一起，本已不易，与其为了生活中的诸多小事而落得劳燕分飞的下场，还不如多一点包容赢得美满婚姻。但值得注意的是，包容是婚姻中的融合剂，但包容使用过量就成了纵容，它像慢性毒药一样，逐渐把甜蜜的婚姻变成痛苦的牢笼。如果说包容像婚姻生活中的糖，那么批评与改正像婚姻生活中的盐，只有适量的糖和盐，婚姻生活才会有滋有味。

第三章 说老公爱听的，
听老公爱说的

对于女人而言，卓越的口才、有技巧的说话方式，不仅是家庭幸福的法宝，更是征服老公的利器，提升幸福感的有效手段。因此，一个女人可以生得不漂亮，但话一定要说得漂亮。

1. 夫妻间需要沟通

我们总是把最美丽的一面展示给外人，而把最丑陋的一面留给自己身边的人；我们总会以极大的耐心对待外人，但当我们面对身边的他时却暴躁不安，面对外人我们总会侃侃而谈，可是面对身边的他，我们发现曾经道不尽的甜言蜜语变成了现今的无言以对，虽然生活在同一个屋檐之下，是这个世界上最亲的两个人，可是却感受不到一丝丝的温馨。

有一天，一位邻居向我抱怨她丈夫冷漠，平时在家基本能不开口就不开口，即使是开口也是尽快结束。说她一想到回家，面对他那张死气沉沉的脸就来气。

听着她的抱怨我感到很惊讶，尽管我与她丈夫没有过深的交往，但是平日里遇到也会说上几句，他给我的感觉是一个很健谈的人，平日与他谈笑风生，幽默诙谐的话语如连珠似的不断从他的口中说出。我都开始怀疑她跟我说的是不是同一个人！

后来，经过一番细究，才发现他们两人在外面可以左右逢源，把话说得滴水不漏，可是一回到家，就玩不转了。之所以出现这种情况，是因为夫妻两人之间缺乏沟通，都以为夫妻多年，彼此之间已经熟识到无所不知，没什么可说的。却不知心有灵犀未必就能一点通，眼睛看到的也未必都是真的。于是，在一次次自以为是的误会中让矛盾不断加深。

其实，婚姻中的沟通，就像连接南北的桥梁，是双方心灵的交汇，是婚姻稳固的基石。如果夫妻之间没有了沟通，很难想象这样的婚姻还会继续走下去。当然了，沟通也并非是简单地说说话，聊聊天，而是要夫妻双方以积极的、具有建设性的较好的沟通去解决婚姻中所存在的问题，让婚姻向更好的方向发展。那么，怎样才能采用较好的沟通方式呢？以下原则须注意：

（1）表达要明确具体。

沟通时要清楚、具体，不可以让对方猜疑或觉得无所适从。夫妻间常说的话是："那还用我讲吗？"意思是，作为夫妻，似乎本该有先知先明。但是，事实并不像人们所期望的那样。因此，夫妻之间可以做的是，比如妻子如果觉得丈夫回家晚，就直接告诉丈夫最好几点回家，而不只是说："下班早点回来。"

（2）实事求是。

在批评对方时，不能用"你从来什么家务都不做""你总是把臭袜子到处乱塞"等夸大的表达方式。否则对方会说"我不是从来""我不是总是"，不但不承认被指责的事，而且可能还指责对方不讲理，并纠缠在到底做过多少的"次数"上，以至于转移了主要问题，还引起了双方间的矛盾。

（3）理解肢体语言。

人与人之间的沟通有65%是非语言的。人的一举一动，都包含着沟通的信息，如果夫妻之间能尽量体会、准确感觉到相互之间的非语言信息，将有助于夫妻之间的良好沟通。

（4）时刻表达感激和爱。

聪明的丈夫对妻子的每一件小事都应表示感激之情，即便是给他洗了一下袜子。妻子对丈夫在生活上的体贴、经济上的帮助也应该表示感激。夫妻双方时刻使用"谢谢"两个字，看来无关紧要，实际上这是情感交流的一种有效方式。因为彼此能感觉到自己是被人需要的。有时候，感情交流还需要亲口说出来，最能表达夫妻情意的就是"我爱你"，即便你们结婚多年且关系良好，也不要忘了这三个字。它会帮助夫妻之间架起一条全天候的通信线路，使不幸的日子可能变得美好，使美好的日子变得更加幸福。

（5）感受对方的心境，倾听对方的意见。

夫妻应当知道彼此的需求，如果丈夫回到家里显得忧虑和沮丧，妻子就应给丈夫多一点亲昵和爱抚。同样，当妻子郁郁寡欢时，丈夫也该坐下来去聆听妻子的心声。这是需要双方增加沟通和了解，帮助对方解决内心的冲突。无论哪一方在学习、工作和生活中受挫，另一方都应冷静明智地给予对方关怀。

（6）求大同，存小异。

为了让夫妻的感情沟通畅通无阻，交流思想更富有意义，夫妻双方应该在生活的各领域内求大同、存小异，力求缩短彼此之间的心理距离。

（7）选择时机。

良好的沟通需要较为合适的时间安排。在对方情绪比较好的时候，谈一些棘手的问题，可能有助于减少冲突。在对方正处于比较紧张焦虑的工作或生活状态时，尽量与对方谈一些轻松愉快的话题。这其实也是传达着对对方的尊重、体贴和理解的信息。时间和话题的选择本身就是一种良好的沟通方式。

（8）学会倾听。

良好的沟通除了表达之外，还需要耐心地倾听，并给以反馈也是非常重要的。倾听不仅有助于了解对方，而且也是体贴尊重对方的表现，同时也是在向对方传达着这样一个信息：他也应该这样倾听自己的声音。

（9）深入交流。

不管是子女教育问题，还是夫妻的感情问题、性生活问题等，夫妻双方都应有深入的交流，这样才能达到真正的相互理解。

（10）赞美和表扬。

不断鼓励和表扬对方，是夫妻良好沟通的有效方式。并且，夫妻之间的相互赞美多于指责，这非常有利于夫妻关系健康的发展。当然，表扬时应具体，不论事大事小，只要对方做得好，就要不断给予肯定。这样做，可使对方感到你真的很在意他，并会促使双方做得更好。

总之，婚姻是一辈子的事情，要想家庭幸福，就一定要做好夫妻间的沟通。如果一个男人有了难事，可以告知自己的妻子，那这个男人无疑是幸福的。他的压力也被分解了、减轻了，夫妻之间再商量着去办那个难事，就能水到渠成，事半功倍了。

正所谓同呼吸、共命运，夫妻理应如此。如果生活中你们步调一致，沟通顺畅，有问题两人一起面对，有困难两人一起解决，真正做到夫妻同心，那事业一定会顺风顺水，家庭也一定会和和美美！

2. 把丈夫"吹"起来

赞美是一种聪明的、隐藏的、巧妙的"献媚"。生活需要真正的赞美来调和，成功需要赞美来填充颜色。成功正是由于赞美才更加耀眼。只有认真地发现值得赞美的点点滴滴，人们才能够看到充满阳光的明天。世界也正是由于这些赞美才变得如此扣人心弦，摄人心魄。

在男女相处中有这样一个原则：作为女性，不要对男人过于苛刻，过分挑剔，更不要拿别的男人和他来比较，应当温柔地鼓励他、赞赏他，为他打气加油，努力寻找他身上的闪光点。当他把一件很平常的事情做得非常圆满，当他向他的梦想迈出了小小的一步，女人就应该及时地赞美他。这个时候，女人的赞美不仅仅是一种肯定，而是在向他"注射"自信，同时也增添了自己作为女性的魅力。女人的赞美会改变男人的人生观和处世方法，让男人感到他有义务和激情去更努力地工作，为了家庭、妻子，为了两人以后的美丽人生而努力获得更大的成功。

有人说，男人是通过征服世界来征服女人的。因此，女人的赞美在男人眼里甜蜜无比，这会很大地增强他的自信心和成就感。无疑，男人会认为，女人的赞美是他个人魅力的象征，显示了他征服世界的实力，因而会产生很强烈的人生满足感。因此，聪明的妻子务必别忘了这一招：称赞自己的丈夫，夸耀丈夫的特长，表扬丈夫的优点，把丈夫"吹"起来！

林琳在外企工作，月薪8000多元。她丈夫所在的公司虽然也不错，工资却不及妻子。但无论是在自己的朋友面前还是在老公的朋友面前，林琳从不夸耀自己，总是力捧老公。她经常在别人面前夸丈夫电脑知识懂得多，英语说得一级棒。一次在和朋友聚会时，林琳很自豪地说："有时候，我工作用的电脑出了问题，打个电话，他就知道出了什么毛病，比我们公司的网管都厉害。"

在和丈夫一起去参加他的同学聚会时，林琳也不忘了把丈夫夸耀一番："有一次我们公司要我翻译一个法律文件，有些地方我怎么都翻译不对，他可好，拿到文件不到半个小时，就全都给翻译出来了，又快又好。"

一次，丈夫的同事来家里做客，问林琳："听说你比你丈夫的工资都高啊！"林琳笑着说："高不了多少，其实还是我老公的能力更强。无论是日常生活中的电器修理，还是做菜做饭，还是体育运动，他真是什么都在行。他对诗词歌赋、前沿科技都很有兴趣，是一个知识渊博的人，对人又真诚，嫁给他是我的福气。"一旁的丈夫听在耳里美在心里。

不用妻子督促他学什么，他就自己决定报学习班充电。渐渐地，他被上司提拔，薪水也逐渐增加。

人都有一种倾向，就是依照外界强加给他的性格去生活。如果你总是抱怨男人的不是，他很可能就真的会一事无成。聪明的女人不会不厌其烦地数落男人的缺点，而是会发现他们的优点和长处，不失时机地称赞、夸耀他们，而男人们也会慢慢向女人所期望的方向努力。

当男人听到女人诸如"你真是了不起""我为你感到骄傲""我能拥有你真是幸福"的赞美，几乎所有男人都会心花怒放，高兴得跳起来。给男人"捧场"，是对丈夫的一种激励，这比直接"教训"的言语，更能推动他满怀激情地尽力去把事情做好。反之，如果一味暴露、责备、指责，只会使男人的意志更加消沉，更加自卑，更加无地自容，更加不思进取，并最终一事无成。

聪明的妻子能够时时注意到丈夫的长处，还能将丈夫的缺点减低到最低的限度。记住，一个男人无论长得美丑、事业是否成功，他都希望自己在女人的眼里是最棒的，这是让女人的赞美赢得男人心的关键。但女人在赞美男人的时候，要遵循以下四大原则：

要有真实的情感体验。这种情感体验包括：女人对对方的情感感受和自己的真实情感体验，要有发自内心的真情实感，这样，女人的赞美才不会给男人虚假和牵强的感觉。带有情感体验的赞美既能体现人际交往中的互动关系，又能表达出自己内心的美好感受，男人也能够感受女人对他真诚的关怀。

符合当时的场景。对男人的赞美，只需要一句就够，只要此情此景之时，和对方的想法合拍。

用词要得当。女人要注意，观察男人的状态是很重要的一个过程，如果男人正处于情绪特别低落期，或者有其他不顺心的事情，女人过分的赞美往往让对方觉得不真实，所以一定要注重对方的感受。

相信自己的感觉。"凭您自己的感觉"是一个好方法，每个女人都有灵敏的感觉，也能同时感受到对方的感觉。女人要相信自己的感觉，恰当地把它运用到赞美中。如果一个女人既了解自己的内心世界，又经常去赞美男人，相信彼此之间的关系会越来越好。

此外，赞美一个男人要把握哪些要点，并且取得预期的作用呢？在这方面，魅力女人堪称专家，她们有如下经验：

赞美男人的经济地位。一个人的地位会直接影响他的生活，甚至影响其性格、习惯等。男人以地位高贵为荣，女人也会对有地位的男人刮目相看。地位是相对而言的，女人不妨以宽松的标准去看待男人的地位，并且给予得体的赞美。

社会地位中，能突显男人身份的主要有政治地位、经济地位和名人地位。政治、经济地位比较好理解，名人地位的概念则比较宽泛，包括多方面的内容，可涉及社会中的每个领域和行业。同时，名人地位也是相对而言的。他可以是一个小县城的名人，也可以是一个地区、省城的名人，可以是一个行业专家，也可以是一个单位里的行家。

追求地位是无止境的，赞美男人的地位要找好合适的比较对象，进行对比式赞美。你也可以将他的过去与现在比较。如果他大不如从前，也可以如阿Q般，赞美他曾经辉煌过。如果他今非昔比，则可赞美他越来越有地位了。

赞美男人的风度。异性相互吸引和欣赏是一个普遍的法则，所以，女人具有赞美男人的天然优势。

男人未必需要容貌的完美，但需要有一定的气质风度。女人赞美男人的风度，应掌握男人的特点，男人的形态、举止言行、服饰打扮等方面都是与女人大不一样的，也就是说要掌握赞美男人的风度的标准。

对男性直接而大胆地赞美容易招致误解。因为这种赞美方式的感情烈度比较强，不符合异性交往所要求的距离感，它有时会使男性感到舒服，有时又可能会对你产生非分之想，而这些并不是你赞美对方的初衷。

如果你面对的是一个比较熟悉的男人，可以稍微夸张，玩笑式地赞美其风度，这样显得友好、亲切。风度，也可以是一种总体的感觉，可以具体，也可以笼统。比如："据说你风度非凡，今天看来果然名不虚传。"风度有多种形式，我们可以理解为更广义的，也可以从多个角度去看待，如绅士风度、大将风度、学者风度、经理风度等等。这样，才能赞美出新意。

赞美男人的学识。"知识就是力量"，在知识经济时代，人们崇拜的是知识英雄。男人需要具备丰富的学识，才有可能取得令人羡慕的成就。

赞美男人的学识，首先要弄清楚什么是有学识，才能给予合适的赞美。事实上，像钱钟书、季羡林这样的学识泰斗，毕竟是凤毛麟角。所以，对一般人我们应因地制宜、因人而异地给予赞美。

另外，赞美男人的学识不同于赞美男人的地位、风度。赞美男人的地位也许会使人认为你是势利的。赞美其风度，则有可能认为你是多情的。赞美其学识，相对而言更为理所当然，因为学识能产生很好的社会效应，人人都尊重有学识的人。

3. 时时处处维护老公的尊严

有句话是这样说的："男人需要有面子，男人也最怕失去面子。"我们经常看到男人时时处处在捍卫面子，他们对自己的尊严看得比什么都重要，不管在私下他们有多宠爱自己的妻子，但女人在人前一定要给足其面子，让其做天不怕、地不怕、老婆更不怕的顶天立地的男子汉，因为男人被打破面子后通常会有两种结果：一是变得疯狂，二是变得超然物外。无论走到哪个极端，对女人来说都是很不幸的。

因此，作为女人要学会掌握他们的这种心理，在该给他面子的时候一定要给足，这样的女人不仅能赢得男人的宠爱，也能营造和谐的夫妻关系。女人总是喜欢自己的丈夫对自己唯命是从，认为那是他爱自己的证明。那是大错特错的，这不仅不是一种上策，甚至是一种再愚蠢不过的行为。

男人向来都是视面子如生命，即使那些在家里毫无地位的人，一旦站在他人面前，都要充当男子汉。没有哪个男人会说自己在家里事事都要听妻子的，那样会有损他做男人的尊严。而聪明的妻子懂得事事处处都给丈夫留面子。

曾看到这样一则笑话：

有一天，一位男士对着他人吹牛，说自己在家里是绝对的一把手，自己说什么老婆都得听，"她老实得跟猫似的。"他还比喻说，"在家里，我是老虎！"

正说到这儿，有人拍他的肩膀，他转身一看，脸唰地变白了。原来他老婆不知道什么时候来了，正站在他的背后，怒目以视。

他知道自己闯了祸，非常害怕。只见妻子瞪着他问道："刚才你说什么？你是老虎？那，我是什么？"

丈夫十分难堪地说："我是老虎，你是武松啊！"

老婆这才满意了："这还差不多！"

在场的人们哄堂大笑起来。这个怕老婆的家伙已经是满脸窘色。

聪明的女人懂得有客人在场的时候，给足丈夫面子。即使她们平时养成了支使丈夫的习惯，但只要有其他人在场，她们也会为丈夫的面子着想，自觉地与丈夫平等相处、互敬互爱。哪怕是为了给别人看也是有益的，因此丈夫也会因为她给自己留下男人的尊严而更加地爱她。

笑笑是一位能干的女人，也是一位聪明的女人。她在某跨国公司做部门经理，挣钱比老公多一倍，老公心里本来就有些尴尬。但笑笑在家里绝对不是对老公颐指气使的女人，也不因为自己比老公聪明而处处显示自己。相反，她越是在人多的地方越给足老公面子。

一次，邻居因为电脑出现了故障，请笑笑帮忙修理。正好老公在家，笑笑便对邻居说："不好意思，这个我不会呀。"接着她又指着老公说："这不，守着能人呐。他喜欢钻研电脑。老公，帮我去看一下吧。"邻居一听，忙说："没想到这儿还卧虎藏龙的呐？"老公一乐，这些话绝对让他脸上有光，一会儿就帮邻居修好了。

每当与老公一起吃饭，服务员让笑笑点菜时，笑笑总是望着老公说："你说呢？"之后对服务员说："我对这些不懂，还是让我老公决定吧。"笑笑是安安静静地吃饭，让老公掏钱埋单，而挣钱多的笑笑背后再给他补充。

这样丈夫在大家面前既得到了妻子的赞美，又享有充分的话语权和决定权，他怎能不疼爱妻子呢？

每个人活着的方式和理由都是有尊严的，而给别人尊重比给他什么都更重要。特别是对于视面子如生命的男人来说，女人更应该去保护男人的自尊心，一定要在外面给足男人面子，不嘲笑男人的任何一种要求或是建议。

香港来的王先生在北京南三环开了一家餐馆，生意很是红火。一天餐厅打烊时妻子正为一件事大发脾气，王先生怕挨打，情急之下逃到餐桌底下。恰好这时候有位熟客返回来寻找遗落的东西，正好撞到这滑稽的一幕，王先生很是尴尬。这时八面玲珑的王太太急中生智地拍拍桌子说："我说抬，你要扛，正好来帮手了，下次再用你的神力吧！"王先生顺坡下驴，直夸妻子想得周到，一场面子危机就这样在巧言的妻子嘴里轻松化解了。

由此，聪明的女人应该知道，给男人面子就是给自己面子，即使是在家里也绝对不可以对老公指手画脚，在公共场合曝光老公的小毛病。

经常听到正在喝酒、聚会、聊天的男人当着众人的面给太太打电话时声音比平时高些，甚至有的男人还几乎用吼的声音说："行了行了，我今天晚点儿回家，你就别说了，我正忙着呢，没什么事我挂了。"

听到这样不和悦的声音，看到这蛮横的态度，一定会有好事的男人侧耳细听电话那端女人的声音，此时，作为女人的你可千万别动怒。因为对于一个男人来说，面子比黄金还要珍贵许多倍。此时你若不顾一切地来上一声河东狮吼，说不定会因此而影响你们夫妻之间的关系。既然面子对于男人来说这么重要，聪明的太太就应该懂得在不违背原则的前提下，给足老公面子。这时你就可以温柔地说："我知道了，你忙吧！不打扰你了，少喝点儿酒。"

若此时你给足了他面子，等他回到家，一定会为你的配合而非常高兴，也会想尽办法来逗你开心，甚至是买给你自己很久不舍得买的东西哟！

因此，若想让自己的家庭永远和谐幸福，永远温馨，就不妨给足丈夫面子。

4. 女人，请停止唠叨

著名专栏作家桃乐丝·迪克斯曾说过："一个男人能不能从婚姻生活中得到幸福，他太太的脾气和性情比其他任何事情都重要。即使她拥有全天下的每一种美德，但如果脾气暴躁、唠叨，那么她所有其他的美德便都等于零。"但在生活中，我们却总能看到妻子追着丈夫絮絮叨叨，丈夫则"惜字如金"，最后说着说着一场战争也就爆发了。比如，下面这对夫妻。

丈夫拖着沉重的身子，一脸疲倦地回到家里。

妻："你今天很累吧？"

夫："嗯。"

妻："吃过晚饭了吗？"

夫："吃了。"

妻："都吃了些什么，还饿不？"

夫："不饿。"

妻："明天准备怎么安排？"

夫："还不知道。"

丈夫回到卧室，打开了电视机。妻子还在不停地和丈夫说话，丈夫一边看电视，一边心不在焉地答应着。

终于妻子有些火了，说："你是块木头呀，能不能多说几句话。你什么意思呀，是不是烦我了，哼！这么快就给你追到手了，你当然不会珍惜。"

丈夫一听，也不相让，说："你不知道我工作很累吗？回到家还这么唠叨，一点都不知道体谅我。"

妻子更生气了："一回家就拉个驴脸，给谁看啦，你要是烦我了就明说，不想一起过就别过了。"

于是，两人开始争吵起来。

著名的心理学家特曼博士对一千五百对夫妇做过详细调查。研究表明，在丈夫眼中，唠叨、挑剔是妻子最大的缺点。另外，盖洛普民意测验和詹森性情分析两个著名的研究机构，它们的研究结果都是相同的。它们发现，任何一种个性都不会像唠叨、挑剔给家庭生活带来巨大的伤害。

其实，唠叨是一种心理问题，是源于妻子对婚姻的憧憬与现实的落差的无可奈何心理的反映。如果你仔细观察，你就会发现爱唠叨的往往是那些不快乐、不幸福、抱怨多多的女人，因为得不到丈夫充分的关爱，在对婚姻较失望的时候，就会通过唠叨来表示对丈夫的诸多不满。可是女人你必须了解，唠叨是一种错误的方式，它不仅对你提出的问题无益，反而会引起丈夫的反感，还会时常让丈夫处于防备和自卫状态，以此来逃避来自你的指责和干涉。

因此，女人们，即便你对婚姻有许多的不满，也请你别选择唠叨，而应管好嘴巴，最好能够惜字如金。如果婚姻中的女人发现自己在不知不觉中变得唠叨了，特别是家人开始对自己有不满情绪时，就要引起高度的重视，这表明你需要学习家庭沟通艺术，并采取行动改正自己的唠叨，以下方法可供借鉴：

（1）合理安排生活。

长期的疲乏往往会转换成一种唠叨的倾向，最好的治疗方法就是把个人生活安排得更有效率一些，找出疲乏的原因，并消灭它。

（2）训练自己凡事只把话讲一遍的习惯。

俗话说：话说三遍。如果一个女人必须很不耐烦地提醒丈夫三四次，说他曾经答应过要一起做某件事。莫不如只认真地对他说一次，如果他现在已经在做了，她就不用再浪费唇舌多说几遍了。

（3）找准时机说话。

傍晚时分，一家人身心都很疲惫的情况下，或者是对方遇见烦心事的时候，唠叨会成为家庭矛盾的导火索。智慧的女人会创造一个温馨的港湾来接纳家人，夫妻之间的矛盾找准了时机再谈，就会缓和许多。

（4）培养幽默感。

幽默感能使女人保持良好的心情，如果一个女人对芝麻大小的事也会生气，早晚会精神崩溃。所以，女人要学会用宽容、幽默的态度对待生活中不如意的事，而不是整天紧绷着脸，更别为了一些微不足道的芝麻小事，而将夫妻间的感情变成怨恨。

（5）疏导压抑性情绪。

心理学家认为，压抑性的事情常常会造成女人的唠叨。婚姻的问题、事业的挫折、对生活的不满等，面对生活中的诸多不如意，女人常常以唠叨、埋怨、诉苦的方式发泄出来，但女人要知道，以唠叨的方式来发泄，只不过是火上浇油而已。女人消除这些压抑性情绪的最佳途径是：分析自己的心理因素，找出这些问题的源头，并适当地疏导，让它们发泄出去。

5. 家庭冷战会消耗掉爱情

俗话说：无声的战斗比刀光剑影之战更加残酷。虽然所有的窗户都是敞开的，但屋内的空气仍然像凝固了一样，让人喘不过气来，安静得让人想歇斯底里。

婚姻就像一条河，有平静、有波涛、也有暗流。夫妻"冷暴力"就是婚姻中的一条暗流，常使家庭这条船触礁。"冷暴力"作为一种隐性的暴力形式，给夫妻双方的伤害往往比显性暴力更大。肉体上的创伤可以治疗，心灵上的创伤却难以愈合，甚至还会造成精神疾病。

婚姻大事，父母做主，这对于现今婚恋自由的我们来说是一件很久远的事情，可是却真实地发生在燕的身上。大学一毕业，燕老爸便与老战友商量着如何结成亲家。于是，在双方老爸的操办下，燕很快结婚了。

燕老公在一所机关搞行政，喜欢跳舞唱歌的燕则在一家宣传公司里担任文娱骨干。其实燕老公人挺好，每天早晨开车送燕上班，若下班早还会下厨做饭，这也让燕渐渐地爱上了他。可是老公却对燕从事的工作很有意见，一直要求燕调换工作。为了此事，夫妻两人不知吵了多少次架了，再加上老公性子犟，一生起气来十天半月都不跟人说话。而燕却最烦男人这样小心眼。于是，老公越憋气，燕也越不想理他。在燕看来，自己所表现出的强势可以强迫老公改变自己，不再干涉她的工作。

可是燕却未曾想到自己的婚姻差点就毁在了双方的憋气之中。一天晚上活动结束后，本来一起回家的姐妹被男友接走了，只身一人的燕被好心的男同事捎带了一程。可谁知，燕刚进家门，老公就摔了烟灰缸，砸了茶几，指着她的鼻子骂道："别把自己整得像个戏子，一肚子的男盗女娼。"

听到如此具有侮辱性的话语，燕很是气愤，再加上忙了一晚上困得不行，于是直接冲进卧室抱起被子，搬到另一个房间。从那天开始，两人各忙各的，彼此不再说话，也没有性生活。中间老公有过两次要求，但燕一想到老公那句难听的话语，就提不起一点兴趣。等到第三个月的时候，老公提出了离婚。他说离婚尽管会让父母有些难过，但总比一辈子困在这种同床共枕却没有任何语言，没有任何生气的婚姻之中要好。

勺子没有不碰锅边的，夫妻两人生活在一起，吵架是在所难免的。而且夫妻之间的小打小闹，虽然有些辛辣，但也有许多甜蜜在里面。夫妻吵架之后进入冷战状态，尽管表面上"相敬如宾"，但双方心底的冷漠，其实已在标志着夫妻关系的死亡，婚姻走到这一步，真的很可悲。

其实，日常生活中也常见有"夫妻冷战"，只是"冷"

的时间长短不同而已。有些家庭在发生小矛盾后能够很快恢复热度。但若发生冷战的夫妇双方性格都很刚烈，常以自我为中心，处世的态度比较执着，个性鲜明突出，有种"你狠，我比你更狠；你不服我，我更不服你；你不谦让，我更不低头"的架势，互不示弱，互不退让，从而进入封锁视线、封闭语言、暂停交流和沟通的冷战阶段。就这样越战越冷，积重难返时，一个家庭就有可能因冷而瓦解。如果不想让自己的家庭陷入"冷暴力"的困境，就要时时处处小心呵护家庭生活的环境与氛围，让"冷暴力"消失在萌芽状态。有时候，一个低姿态的示爱，一个温柔的电话，也可以约上对方晚饭后去散散步，一边走一边聊，这既是解决矛盾的办法，也是化解冷战的良药。当然了，要从根本上消除家庭冷战，需要夫妇双方共同努力：

（1）学会调整心态，尽可能地改变性格，避免过于亢奋和激动，学会冷静处世，温和言谈。

（2）加强沟通，遇事多商量，注重换位思考，排除自我中心意识，谨慎处世，三思而言行。

（3）相互尊重，增强信任度，做到以心换心，忠诚相待。

（4）放下臭架子，丢弃所谓的尊严和虚荣心，相互谦让一点，退一步风平浪静，让一步海阔天空。

6. 女人也要学会对男人说情话

女人总是习惯了听男人的甜言蜜语，却不曾对男人说过什么情话。其实，男人也有情感需求，尽管没女人那么多，但他们也很想听到女人的甜言蜜语，这或许就是人的天性。当女人一味的要求男人对你信誓旦旦，海誓山盟的时候，你是否对男人做出了承诺？他们也是人，他们也希望听到你的甜言蜜语！

爱情需要真心相待，但是偶尔也需要一些小小调剂，对你爱的男友说一些情话，会使你们的爱情更紧更黏。可如今，许多都市爱侣在繁杂的生活压力下，渐渐失去了自有人类开始就有的这种最简单的表达爱的能力，成了"情话哑巴"。

离婚手续终于办完了，高亚明如释重负地轻叹了口气，舒雅的心却一下子疼了起来。舒雅问他："终于解脱了是吗？"语气里满是辛酸。高亚明苦笑着说："你看，你还是这样。"舒雅的眼泪不争气地流了下来。

离婚的事在一周内匆匆解决，高亚明如此快的办事效率给舒雅一个感觉：他在外面有了女人。想到这儿，舒雅眼泪流了出来，但她并没有过多地争取复合。

高亚明在一家金融公司工作，薪水很高，压力也不小。他经常加班，回来很晚，没多少时间和舒雅在一起。和他一个公司的张鹏，经常带着老婆出去玩，舒雅十分羡慕。她曾多次跟老公说起自己的感受，开始，高亚明还用"以后多带你出去玩"搪塞，后来干脆就置之不理了。

离婚后，他们之间变得坦然了不少，舒雅也突然发觉，高亚明也不像以前那么忙了，他有充足的休闲时间。

半年后的一天，高亚明给舒雅打电话，他说有了理想的伴侣，想在结婚前跟她吃顿饭。舒雅心里忽然难过起来，却笑着说："'接班人'找得还挺快，要不带上那位，我也欣赏一下。"

那天，舒雅特意去买了件新外套，而且还精心地打扮了一番，她可不想输给高亚明的"理想伴侣"。可高亚明是一个人来的，看起来成熟稳重了不少。在一家以前常去的饭店，她们又坐在了一起，舒雅忽然有种恋爱的感觉。

高亚明要了瓶酒，把酒杯倒满，喝了两口。看着舒雅，接着说："小雅，我没有外遇，从来没有过，你不知道以前我是多么爱你。"

舒雅问他："没有外遇你干吗和我离婚？还跟别人说受不了我。是我太丑了，还是嫌我钱挣得少？"

他苦笑道："和你直说吧，我爱你，可是受不了你从来不给我一两句赞美或鼓励的话。我每天工作那么累，回来后你还要说我比不上这个比不上那个，我心里憋屈。"

从这个事例中可以看出：男人和女人一样，也爱听甜言蜜语。不会说情话的女人，生活是暗淡无光的。

在现实生活中，男人作为家庭或者说未来家庭的保护神，除了承受着社会、家庭、爱情等方面的压力，还要不时迎接自尊给他们带来的挑战。当一个男人不管不顾地陷入爱情的时候，就是他最脆弱的时候。在这个时候，女人一句美言就能让他备感关怀。所以，作为一个女人，你要学会适时地把自己的甜言蜜语送给他，博得他的欢喜和宠爱。

情话是古今中外婚恋生活中最唯美、最富诗意的一部分。正是因为它的存在，爱情才变得甜美。

说情话是一门技巧，不但是感情间的润滑剂，也是生活乐趣的调剂。

情话，是表达爱的最直接的方式。由真爱而引出的情话，往往充满智慧和乐趣。有时候，简简单单一句情话就让你的男友心花怒放。以下几句情话，懂爱的女人一定要学会。

（1）我爱你。

是的，男人也爱听你说我爱你，虽然他们自己并不爱说。但他爱听的理由其实和你一样。所以请说，而且用主动语态说，而不是说：我也爱你。

（2）你怎么什么都懂啊。

喜欢听赞美的话是人的天性，男人也是如此。哪个男人不喜欢在心爱的女人面前有良好的表现，他们努力让自己很出色，但是却少有女人夸奖和赞扬，不要那么吝啬，即便他没有你想的那么出色。

其实，很多赞美的话都是废话，谁不知道自己的本事有多大，可是往往这样的废话会成为男人的兴奋剂，此类赞美是一种动力和承认，没有男人不喜欢。

（3）你真大方。

在当今这个物质社会里，慷慨大方的男人相对还是不多的。如果他为你买了一份价格不菲的礼物，这说明他非常在意你，而你在接受礼物的时候也不妨夸他一句"你真大方"。

（4）你的嘴唇好性感。

每个人的性感标准也不一样，如果你这样说，他一定上心高兴。嘴唇薄透着坚毅和克制，嘴唇厚代表多情和温柔，嘴唇不薄不厚就是无可挑剔了，你怎么夸他都不为过。可是很少有女人注意男人的嘴唇，男人也很少把嘴唇当作炫耀的资本，只要你夸男人的嘴唇性感的时候，他们仍旧会照单全收。

（5）你真幽默。

有幽默感的男人是十分有魅力的，称赞一个男人有幽默感，绝对比夸他长得帅、大方慷慨来得有分量。所以，如果你夸一个富有幽默感的男人"你这个人真逗！"或"你真幽默！"，他们一定很高兴。

7.　"斗嘴"也是一种沟通方式

恋人之间，打是亲、骂是爱，斗嘴只是示爱的一种活泼而随意的方式，不会因斗嘴而斗气，相反却越斗越亲密。这种斗嘴从形式上看和吵架很相似。你有来言我有去语；你奚落我，我挖苦你；毫不相让，"锱铢必较"。但与吵架根本不同的是：斗嘴时双方都是以轻松、欢快的态度说出那些尖刻的言辞，有了这层感情的保护膜，斗嘴就成了一种只有刺激性、愉悦性却无危险性的"软摩擦"，成了表现亲密与娇嗔的最好方式。

丈夫深夜归来，妻子心绪不佳。

丈夫说："老婆，给我做一碗蛋炒饭。"

妻子说："什么蛋炒饭，是饭炒蛋，你说是饭多还是蛋多？"

丈夫说："管他蛋多还是饭多呢，半夜三更的，别吵了！"

妻子说："什么半夜三更，是三更半夜！"

丈夫说："你这是怎么了，成心和我过不去，收拾你的东西回娘家去吧！"

妻子说："回就回。"妻子转身进了卧室，好半天不出来，丈夫悄悄地过去看个究竟，妻子在床上摊天了一个大包袱。看见丈夫进来，妻子流着泪说："老公，请你躺在包袱里吧，我要带走我的东西……"

禁不住哑然失笑。一对高明的夫妻。

斗嘴，其实是拉近双方关系的黏合剂，及时消除彼此隔阂的润滑剂，也是加速感情发展的催化剂。

相爱至深的爱人之间，虽然彼此深深依恋，但是双方都有自己的性格，难免发生碰撞摩擦，要让这种碰撞擦出爱的火花，而不是变成争吵的熊熊怒火，这是爱情最大的学问之一。

恋人之间每每发生的"斗嘴"，看似尖锐其实柔和，其实要比直抒胸臆式的甜言蜜语有更大的展示情人间感情个性的空间。所以恋人之间颇喜欢这种语言游戏，在这种轻松浪漫的游戏中加深了解，斗嘴调剂着爱情生活，使之更加丰富多彩。

台湾女作家玄小佛在她的短篇小说《落梦》中就描写了戴成豪和谷湄两位恋人间的一段"斗嘴"——

"我真不懂，你怎么不能变得温柔点。"

"我也真不懂，你怎么不能变得温和点。"

"好了……你缺乏柔，我缺乏和，综合地说，我们的空气一直缺少了柔和这玩意儿。"

"需要制造吗？"

"你看呢？"

"随便。"

"以后你能温柔点就多温柔点。"

"你能温和也请温和些。"

"认识四年，我们吵了四年。"

"罪魁是戴成豪。"

"谷湄也有份。"

"起码你比较该死，比较混蛋。"

不难看出，这对恋人彼此依赖、深深相爱，"斗嘴"是他们调节气氛的工具。表面上，两人针锋相对互不相让，但斗嘴的背后，是彼此间足够的理解与宽容。恋人之间喜欢"斗嘴"，不过是一种颇具情趣的语言游戏而已。况且，这种"斗嘴"并非真要解决什么根本性的分歧，而只是借助语言的外壳来激发两颗心灵的碰撞，往往碰撞得愈是激烈，心中的爱意反而更浓。这其中的奥妙，当事人的体会定是更深。

恋人之间，吵架斗嘴这样的情况经常会发生。但是，也要有一定的原则和分寸，女性们一定要注意。

（1）不要刺伤对方的自尊。斗嘴时，不能对他进行冷嘲热讽，不要揭他的"伤疤"。如果伤了对方的自尊，斗嘴就会变成争吵。比如你说："你不给我买，没关系啦。你才不是因为颜色不适合才不买，而是因为你小气才不买！"这种话只会激怒对方，没有一个男人能够容忍冷嘲热讽，所以你不如大度一些："不要紧，谢谢你的提醒，不然就花冤枉钱了。"听了这样的话，他一定在心里赞赏你是个明白事理的人。

（2）看对方的心情。斗嘴因为是唇枪舌剑的交锋，需要有一个宽松的环境、充分的心灵余裕，才能享受它的快乐。因此斗嘴时要特别注意恋人当时的心境。大家都有这样的体验，心情愉快时，可以随便耍嘴皮、开玩笑。可你的恋人为某件事愁眉不展或心情不好时，你频频耍嘴皮子，后果可想而知。这样，斗嘴的味道就会变得苦涩了。

总之，恋人争吵只要把握好了度，就不会伤及感情，甚至还会增进彼此的情感。

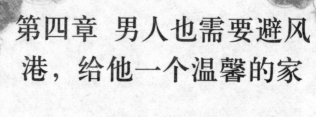

第四章 男人也需要避风港，给他一个温馨的家

"水可载舟，亦可覆舟"，关键在于如何加以利用；爱情可以创造幸福，也可带来不幸，关键在于如何驾驭。作为支撑半边天的女性，在爱情中有时起着决定性的作用。懂爱的女人通常更能打开通往幸福的大门，幸福的家庭是避风的港湾，好女人则是港湾的管理者和最大受益人。

1. 女人要做好贤内助

人们常说，好女人是一所学校，想把一个潜意识中有野性的男人教育成自己的好丈夫，多半还得靠心计和智慧。而女人的最大智慧是贤惠。但不是所有的女人都懂得这个道理。一些很现实的女人们认为："时代发展了，女人传统的美德也会跟着发展，内涵已经发生了变化，一味地温柔体贴已经远远跟不上时代的需求，在信息万变、观念层出不穷的新时代，不变的贤惠会给人'忠厚得可怜、善良得愚昧'的感觉。"其实此言大错特错。一个贤惠的女人，能给予丈夫一片安宁的心境，会让丈夫事业有成。

载人航天是无比辉煌的事业，但是，它也是一项高风险性的科学探索活动。面对风险，航天员的妻子表现出了特有的见识和胸怀。在航天员妻子们的眼里，她们的丈夫个个是人杰，为这样的丈夫奉献一生，也使她们自己的人生变得鲜亮和庄重起来。

曾看到过这样一篇报道：

杨利伟的妻子张玉梅说："这么多年，家里的大事小事我都包了。他当了航天员，我更不能让他分心了。但是，自从我前年得病以后，现在是他关心我多了，干家务活也主动多了。每逢天气变化，他都会打电话回来，提醒我加衣服。"张玉梅2001年体检时检查出患有肾炎，当时杨利伟正准备到东北去进行高空飞行训练。张玉梅说："这对我自己、对杨利伟都是一个晴天霹雳。"

按理说，航天员妻子的健康也是得到重点关照的，但张玉梅的肾炎没有得到及早诊断和治疗，也和她"我不能让他分心"的生活信念直接有关。为了使杨利伟早日实现太空飞行的理想，她承担起了一名航天员妻子所能承担的一切。她自己工作上不甘落后，回到家里又要挑起教子、理家的全部担子。平时身体遇有不适，她总认为仅仅是劳累而已，今天想着也许明天就能把体力恢复过来，明天又想着也许再过两天就能把体力恢复过来。能忍则忍，一拖再拖，顾不上请病假、跑医院。日积月累，她瘦弱的身体在体力上、心理上都严重透支了。

后来杨利伟把妻子送进301医院，第三天就到东北参加高空飞行去了。"他临走前急急忙忙把他父母接过来照顾我，他觉得对我挺内疚的。临走前站在我病床前看着我的眼神，把我看得心里挺难受……"张玉梅哽咽了。从那以后，张玉梅每月要到301医院去接受10天治疗。她表现得一如既往、无怨无悔，她说："我每次都是自己到医院去治疗，不让杨利伟分心。医院里病菌肯定多，我不让杨利伟多到医院去，我要保护他的健康。"听了张玉梅的这席话，可以让人更加明白什么叫付出，什么叫奉献精神！

张玉梅最后说："杨利伟每次高强度训练下来，都减少两三千克体重。他吃了那么多苦，都是为了争取第一个上天。他的老师长邵文福也捎信来鼓励他，希望他能第一个上天。我真希望杨利伟能够第一个上天，第一个上天是最幸福的。"

如今，杨利伟第一个上天的理想终于实现了，张玉梅觉得自己是最幸福的女人。

每一个男人都需要一个贤内助，这个贤内助不仅帮助他照顾好家庭，为他解除后顾之忧，而且一心呵护、鼓励并支持他。

好的贤内助对于男人，就像燃料对于引擎那么重要。好的贤内助使男人的引擎继续发动。它使人们心理和精神的电池充电，将默默无闻转为成功。

长久的默默无闻有时候会挫减男人们的锐气，严重地打击甚至还会使男人们挺不起腰来！但是，如果有他们的爱人在背后对他们的默默支持，那么，事情就会不一样了。《圣经》上说："信心是大家都希望得到的东西，是我们所看不到的东西的佐证。"

这就是贤内助的妻子们，对他们丈夫的一种信任。然而，作为一位好的贤内助，不仅要永远站在丈夫身边支持他，还要帮助他处理好家庭问题，解除他的后顾之忧。为什么这么说呢？因为家庭问题是创业者放在重要地位的大事。家和万事兴，如果没有和睦美满的家庭，创业者就无法集中精力做事业；如果没有兴旺发达的家庭，创业者的事业再发达也没有多大的意义。

有人将家庭比作避风的港湾，有人将家庭比作温暖的火炉，也有人将家庭比作温馨的摇篮。这些都说明了一个道理：人人都关注家庭，人人都渴望拥有一个和谐幸福的家庭。家，恰如其表，它就像一把保护伞，替我们挡风遮雨，祛暑避寒！

俗话说："妻贤夫兴旺，母慈儿孝敬，众人拾柴火焰高，十指抱拳力千斤。"所以，家庭和睦对一个人的顺利成长具有不可或缺的作用。古也罢，今也罢，大凡一个人生活的苦乐，心情的好坏，乃至事业的成败，都与家庭是否和睦紧密相关。家庭，对于每个人来说，都是得之不易的。

家和才能万事兴，"和"是手段，"兴"是目标。我们的生活就是为了安康、幸福和美满。中国有这样两句老话，一句是"安居乐业"，另一句是"家和万事兴"。可见，自古人们便知道了家庭的安定对事业的兴旺是何等的重要。所以，作为妻子，不要忘了和另一半组成家庭的目的：为自己深爱的丈夫创造出一个舒适的、温馨的港湾和充电站。聪明的你应该想想，当你的丈夫工作了一天回来之后，他回到家里希望拥有怎样一种气氛？哪一种气氛才能使他在每天早上起来之后精神饱满地去工作？这个问题的答案，和你丈夫的成功有着密切的联系。为了能够让丈夫有更高的效率工作，你必须保持家庭的和睦，做一名贤内助。

但是，想要成为一个合格的"贤内助"，也并不是一件轻而易举的事情，必须明确以下几点：

成为丈夫最理想的合作者。不管怎么说，做妻子的一方如果一味做出牺牲，就等于潜伏下了与丈夫思想上拉大距离的危险，甚至会导致双方的感情破裂。因此，在对待有事业心的丈夫时，你不可单单强调家务、生活等方面的辅助，更多的应是把丈夫的事业视作自己的事业，并参与其中，共同追求，让自己成为丈夫最理想的合作者。这样的妻子在丈夫事业向前迈进的时候，是永远也不会被遗落在背后的。

给予丈夫贴心的关怀和帮助。男人有时候是很脆弱的，尤其是当他陷入矛盾、遇到困惑、遭遇挫折时，更需要有一个温暖的家，一个体贴的妻子！因此，女人要细心观察、研究丈夫的情绪变化，在他们最需要的时候给予最恰当的帮助和最贴心的关怀，才有利于塑造美满的家庭，你的丈夫才会取得更大的成功。

不要一味地给丈夫施加压力。有些女人往往有很强的虚荣心，所谓"夫荣妻贵"。此外，她们往往还有很强的依附心理，所谓"只有藤缠树，哪有树缠藤"。为了满足她们的虚荣心和依赖性，她们不惜给丈夫施加各种压力。当然，鼓励丈夫发奋图强并没有错，但是，如果不根据实际情况，制造压力，可能会适得其反。

要有足够的信心。当你把家里的一切都打理得井井有条，丈夫却从来没有表达过感谢时；当你穿上一件新买的衣服，丈夫却没有给予期望的赞赏时，女人往往会产生这样的疑虑：为什么自己总是被忽略？丈夫是不是有了外遇？事实上，夫妻间的感情必须建立在相互信任、相互尊重、相互了解的基础上，而猜疑恰恰违背了这些原则，它是夫妻真挚情感的杀手。婚姻中倘若有了猜疑，悲剧便会产生，生活中这样的事例已发生了许多许多。所以，你不要总是猜疑自己的丈夫，更不必杞人忧天害怕自己会被遗弃，而要对婚姻有持久的足够的信心。

2. 营造一个洁净的"港湾"

作为女人，工作上要干练独立，生活中要温柔贤淑——也就是说，要做个"出得厅堂，入得厨房"的女人。很多女性主义者很反对这种说法，觉得这种要求太严格，是对女性权益的污蔑，觉得女性凭什么就要既辛苦赚钱又给男人做饭？

其实，这个概念是要纠正一下的。我们不妨这样想：饭是做给谁吃的？女人们说：我们辛苦做饭，还不是给男人和孩子吃的？

当然不对。女人做饭，为什么就不能是给自己吃的呢？难道你做完饭只是看着别人吃而自己不吃？

如果端正了这个态度，做饭就不是痛苦的事，而是美好地享受了——吃自己喜欢吃的东西，这是一种幸福。

所以，我们完全可以做到这个样子：受过高等教育，有自己的事业和独立的空间，但决不放弃家庭幸福。做女人，做到极品就是既事业成功又家庭幸福。

事业和家庭是我们生活中的两个主角。我们努力工作，并希望因此而有一份优厚的收入，但这并不代表我们是肯为事业放弃一切的女权主义者。对生活对感情，我们同样认真对待，并希望感情可以更加温馨、深厚，生活可以更加美好，但我们绝不会因此放弃职业上的努力。对先生，我们的政策是"怀柔与大棒并行"。也就是说，温柔第一，但也不能惯坏了他，必要时给他点冷板凳坐坐，免得长了他的"骄气"。

　　所以，工作的时候我们做英姿飒爽的职场女子；休闲时间我们也是出得厅堂、下得厨房的标准太太。这其实就是一种酸甜平衡，无论职场中多么腥风血雨，回到家，我们同样有甜蜜的空间。

　　要做这样的女子，事实上并没有想象中那么困难，市场上通用的烹饪书就有这样的指南效果。在不长的时间里，安排时间做好两菜一汤，挺实用、也挺浪漫。

　　当然在此之前要纠正一个概念——不要因为自己初次下厨做出来的饭不好吃就再也不做，谁都不是天生就会做饭的，只有不停地学习才能掌握最佳的火候。熟能生巧，做饭和很多事情一样，也是这个道理。

　　家务是做给自己的，这个概念首先要确立。住在整洁的房子里，吃自己想吃的东西，这些都很关键，能令我们体会到家的美好。所以，虽然我们并不需要变成洗衣妇、厨娘，可是必要的技术也应该具备，因为这首先提高的是我们自己的生活质量。

　　把家庭收拾得干净整洁，富有温馨、浪漫的气氛，这是妻子的首要任务。但是，不必什么家务都揽上身，可以调动家里的其他成员一起来做。打扫卫生是一件辛苦的工作，可以等到休息日，全家一起动手干。这虽然是一件辛苦的事，但却可以用一种轻松的心情来做，而且还要把这种轻松的心情传染给每个家庭成员。这样，即使是工作，也变成了增进家人感情又有意义的活动。这也是展现一个妻子魅力的时候。

　　一个漂亮明亮的家，永远是家人最喜欢待的地方。相反，一个邋遢的家不但让人不愿待，时间长了，还会影响到夫妻之间的感情。我们先来看一个故事。

　　李明和妻子小丽结婚十多年了，他们的儿子已上小学，妻子小丽把儿子培养得不错。原本对于她，李明是无可挑剔的。

　　小丽通情达理，尤其对待金钱，她看得很淡。她认为钱财是身外之物，多了多花，少了少花。再者，在对李明家人的态度上，小丽更是无可挑剔，不但常常关心问候，还常以实际行动去帮助李明的家人。小丽的这些举动让所有人说不出个"不"字。对于这些，李明更是心存感激。

　　在外人眼里，他们是幸福的三口之家。李明自己也一直庆幸娶了个好老婆。但时间久了，李明感觉和小丽之间有了距离感。他们没有什么实质上的冲突或者观点上的不同，其实这种感觉全是日常生活习惯所造成的。

　　李明喜欢家里干净些，物品放得整齐些，个人卫生好些，并且平日里他也是这样做的。但是妻子小丽对这些却不是很在意。

　　刚结婚时候，李明家庭经济条件差些，也没给小丽买什么像样的东西，家电都是妻子从娘家带来的，就连结婚的酒席钱也是借的。因为这些，李明感觉欠小丽很多，因此在生活中都会尽量去照顾她，尽量多做些家务以弥补对她的愧疚。结果习惯成自然，十多年过去了，小丽养成了眼里没有家务的习惯。由于工作的原因，她每天回到家都是晚上六点之后，因此做晚饭都是李明的活儿。刚开始他还能适应，可是随着工作压力的增大，年龄的增长和家庭负担的加重，李明开始有些力不从心。

他也曾试着和小丽说起过，小丽总是能半开玩笑地接受，不过都是只能坚持几天。规劝的保质期一过，小丽仍是不懂得整理家务。李明常在心里对小丽说："我只是想要一个整洁有序、干净清洁的家。"怕伤及小丽的心，所以李明一直都没有说出口，但是两人之间的隔阂却早已根深蒂固，发展到最后，李明连离婚的心思都逐渐滋生出来，还差点失足有了外遇。

也许你不会相信，生活中这一点点小事儿会影响到婚姻的牢固，但是你不得不承认，混乱的家，是一个男人的悲哀。平常生活习惯上的一些坏习惯小毛病，发展到一定程度的确有杀伤力。所以，作为一个女人，万不可忽略生活中的细节，要关注你的伴侣的想法，发现了问题要及时解决。只有这样，婚姻的围墙才能越来越坚固。

在家庭生活中，女人不要和男人太过于计较家务，琐事大多细碎而需要耐心。女人天生心灵手巧，女人天生勤劳吃苦，女人天生爱清爽整洁，都决定了女人不得不担负更多的家务劳动。男人在前方拼杀，深切渴望后方是宁静的港湾、有着清新的空气、有着美味可口的饭菜、有伊人的似水柔情、有安静和睦的氛围，这些如同阳光雨露般不可缺少。这样男人疲倦而归时，身心才能得以充分的慰藉，才能尽情放松，抛弃一切烦恼和压力，完全恢复体力、补充能量，激发起明天拼搏的勇气。

家庭有一股凝聚的力量，能将这种巨大的力量注入我们的血肉之中。家庭的氛围将影响到我们对世界、对社会与对人生的看法，甚至会影响到我们的一生。生活是一种无休止的挑战，同时也会不断给予我们去面对这些挑战的信心和才干。此外，家还教会我们下定决心去实现一个人之所以能成为人的价值，而不必去东施效颦，盲目地跟在他人后面亦步亦趋、人云亦云，也不必为了什么名利地位而改变自己。

几乎每个女人在整理房子的时候都有自己的一套"理论"，且不论付诸实践时的效果如何，个性是主要的。我们来看一位女性朋友整理家事的独到"理论"：

做家务是长久的事情，要从装修房子那一天开始考虑。不要只贪图漂亮，而在家里搞一大堆乱七八糟的装饰品。或许刚开始布置的时候很开心，但是到做起家务来，擦那些瓶瓶罐罐的时候就该费大力气了。因此，房间里最好是简洁大气，宁可花大价钱在高档的地板和沙发上，也不要那些无谓的装饰品。

选择东西的时候，以方便为主。家里的衣服、家居用品等要耐脏、好洗、方便使用。过日子是过给自己舒服的，不是让外人来观赏的，一切以自己舒服为准。

做家务想做得快，工具就要齐全，去污水、漂白水、玻璃水、消毒水之类的东西家里要必备，因为这些东西会省去很多时间。

养成随手放好东西的习惯。这点需要家人配合。家人如若不配合，也行，把他乱放的东西丢到一个漂亮的专门装东西的大盒子或者大柜子里，下次他要什么东西，自己去翻就行了。这样既不影响家的美观，也不用花时间去整理。

衣服常穿的一般都只有几件，把常穿的衣服挂起来，就不用再叠衣服。内裤和袜子分别放在不同的衣柜抽屉里，找起来方便，也不会乱。

换掉的衣服可以先放在一个专放脏衣服的大筐里，带盖的，就是那种在超市里买的放东西的筐。卧室里有任何脏衣服袜子之类的都丢在里面，积了一筐再倒到全自动洗衣机里去洗。不要没事就开洗衣机，浪费钱事小，浪费水资源事大。

用吃完的精美小巧的糖果盒（有盖的那一种）做烟灰缸，抽完烟就把盖子去盖起来，放在茶几一角。这样烟灰不会四处飞，也不需要马上倒烟灰，而且也不会有烟味，简直是比任何烟灰缸都好（当然，最好是家人不要吸烟）。

整理一个书房，可以把客房做书房，有什么书往书柜里放。这样，用起来方便，看起来也干净整洁。

把不必要的东西全丢掉，不要把家做垃圾箱，放太多无谓的用不上的东西，一切以方便为主，舒服为主。

忙碌了一天后，走在华灯初上的街上，看着街边透出的万家灯火，若有一盏灯是为你而留，心里肯定会感觉暖暖的。但试想，家里若杂乱不堪，让人根本不愿踏足，那么还何谈放松？恐怕只能让人远远地躲开，哪怕在外随便漫步也不愿回去。

飞鸟傍晚归林，恋的是温暖的巢穴；航船驶回港湾，渴望的是风平浪静；那些在工作事业的激流中拼搏的男人们，也需要家的温馨、生活的宁静和闲适。

3. 婆媳共处，相互体谅是关键

婆媳关系，历来是中国家庭中最微妙的关系之一。不论是婆婆看儿媳，还是儿媳看婆婆，总有点"越看越生厌"的意思。不论是哪种家庭，总是难以避免的传出"婆媳不和"的声音。

毕竟，婆婆和媳妇这两个女人，在前几十年是毫无关系的，只因为她们共同爱着一个男人而成为一家人，所以婆媳关系并不是婆婆和媳妇两个人的关系，而是比三角恋更复杂的三角关系。

有这样一句话，我觉得是把婆媳和平共处之法说到了极致。倘若您以体贴女儿的深情去对待儿媳，您一定是位受人尊敬的好婆婆。倘若您以尊重关心亲生母亲那样对待婆婆，你一定是个受人敬重的好媳妇。

李玲从超市买回来一捆蒜薹，婆婆问多少钱，明明是四块钱，李玲却说三块钱。婆婆一听高兴了，要知道，下午在菜市场，这样的蒜薹至少要四块钱一斤，还没这个新鲜。于是习惯了把"一分钱掰成两半花"的婆婆乐得眉开眼笑，直夸儿媳妇会过日子。于是婆媳两人钻进厨房开始忙活开来。等到老公下班回家时，饭菜已经摆上了桌。可是老公夹了一块蒜薹炒肉里的肉片一尝，立马大叫道：

"这菜怎么这么咸？"望着刚做好的菜，李玲尝了一口，觉得肉片是有点咸，正不知如何是好时，婆婆尝了一口说道："这肉哪咸了，我吃着刚刚好啊！你要是觉得咸就多吃点饭，我最近感冒了，特意让小玲多放点盐，不然吃着一点味都没有。"就这样婆婆的一句话让李玲下了台阶，餐桌上的气氛也立刻热闹起来。

看来，婆媳矛盾的关键是两人因为没有任何血缘关系而很难做到相互体谅。所以，在家庭生活当中，婆婆要设身处地地为媳妇考虑，体谅她的难处，力所能及地给她帮助；媳妇更要细心照料婆婆，让她切实地感受到媳妇在身边所拥有的那份温馨，平时如果能共同干家务拉家常，彼此间的距离将会更近。最重要的是，女人们要明白，婆媳关系的好坏在一定程度上决定着你的家庭幸福。

当然要想婆媳和睦相处，女人在平时的生活中应做到以下几点：

（1）不要对丈夫家里人存在戒心或者疑心。

每家都有自己的家风，每人都有自己的个性。不要指望丈夫的家应该是什么样，婆婆该怎样来对待自己。来到一个新的环境，就要以客观的态度来接纳它。

（2）接受丈夫对亲人的感情。

在很多女人身上我们都会看到一种很有趣的现象：她们很爱自己的家人，对父母孝顺，对兄弟姐妹都很照顾，但唯独不允许丈夫对他的亲人有同样的感情。老话说：己所不欲，勿施于人。反过来也是如此，自己享有某种权利，就不要剥夺别人同样的权力。

（3）不要把婆婆同自己的母亲相比。

你与母亲是血肉相连的，而婆婆在你前半段的人生中却是一个陌路人，只是因为一个男人而由陌路人成为亲人。所以你把由陌路人成为亲人的婆婆与你生命开始时相依的母亲相比，简直是太不公平了。所以，不要指望婆婆能像母亲那样待你，而你唯一能做的就是像母亲一样待她。

总之，女人要想与婆婆和睦相处，就要做到体贴，以一个女儿的心去对待她，用一片真心与她相处，那么我想婆媳是"天敌"将会在你的身上出现意外。正如古话所说：真心换真心，黄土变成金。而你用真心换来的不仅是婆婆的心，更是家庭的幸福、自己的幸福。

4. 有了孩子，别忽略了老公

贾平凹曾说过这样一句话：和女人在一起，最好不要提她的孩子。因为女人们爱孩子，她会全不顾你的厌烦和疲劳，没句号地要说下去。而且，人的心是一辈一辈往下疼的，如摆砖溜儿，一块砖撞倒一块砖，不停地撞下去。

这句话在现实中得到了充分的验证，但同时也说明了，有了孩子而忽略老公是婚姻的一大误区。女人一旦迈入这个误区，家庭就会由曾经的卿卿我我，你侬我侬，变得彼此漠不关心，等到这种状况发展到一定态势，那么婚姻也会因此而受到伤害，甚至是破碎。

　　静婉和李亮经过五年的恋爱长跑终于修成正果，踏进了婚姻的殿堂。婚后三年才要孩子，记得没孩子的时候他们的二人世界很浪漫也很潇洒，每周放假都会背起背包出去游玩两天，无数的高山都被他们所征服。隔三岔五地还会去看场电影，像小情侣一样吃着爆米花，喝着可乐，享受爱情的美好。当然了，每天晚上坐在一起喝咖啡，说着甜蜜的情话是生活的必需。可是随着孩子的到来，这种生活完全被打破了。由于静婉是一位新妈妈，根本不知道该如何照顾好一个孩子，因此一切都需认真学习。

　　为了更好地照顾孩子，孩子每次吃了多少毫升的奶，什么时间大小便，她都要一一记录，生怕孩子饿了、冷了、热了，或者不舒服。可以说，自从有了孩子，静婉的生活作息同孩子保持着一致。而等到孩子睡着的时候，静婉也已累得不行了。因此，每次老公都想和她亲热一下的时候，静婉都婉拒了。

　　终于，李亮开始抱怨静婉总是冷落他，一点都不在意他。说孩子成了他们婚姻的第三者，孩子夺走了静婉对他的爱。而且李亮也总是冲着孩子发牢骚说："你看，都是你，要是没你，我和你妈还过着幸福的二人世界，可自从有了你，你妈都不管我了，我哪是多个儿子啊，简直就是少了一个老婆。"

　　像静婉这种有了孩子，对丈夫的关注减少的问题许多家庭中都曾出现过。而且很多女人一旦有了孩子，不仅爱老公爱得少了，就连自己的位置也变得无足轻重起来。她对周围的世界不再有兴趣，什么兴趣和爱好都丢掉了。而当女人把过多的心思放在孩子身上时，与老公之间的沟通自然会减少，丈夫也会在心里有或多或少的落差。如果女人一旦步入这个误区而不自知，甚至不知退出，那么她就会慢慢地失去自我，失去老公，最后失去苦心经营的家庭。覆巢之下无完卵，一旦婚姻破裂，孩子的幸福又该如何给予？所以，有了孩子以后，夫妻之间应该进行适当地调整。尤其是妻子，应该在关注孩子的同时，也应把一些精力留给身边的丈夫，给予他适时的关心和关爱，让他得到心理方面的平衡。你必须明白，夫妻关系比亲子关系更为重要。因为孩子总有一天会离开父母，而老公却是一直陪你到老的那一个人。也就是说，建立和维护好自己与老公的和谐关系，才是女人最为明智的做法。

而作为老公，你也应该对妻子多一点理解，努力创造一些可以和妻子共处的时间，而不是等着妻子来关注你，因为婚姻是两个人共同努力经营的结果。

5. 尊重是家庭幸福的基石

曾看过这么一个小故事：

有一对清贫的老夫妇，有一天他们想把家中唯一值钱点的一匹马拉到市场上去换点更有用的东西。老头子牵着马去赶集去了。他先与人换得一头母牛，又用母牛去换了一只羊，再用羊换来一只肥鹅，又把肥鹅换了母鸡，最后用母鸡换了别人一大袋烂苹果。在每次交换中，他都想给老伴一个惊喜。当他扛着大袋子来到一家小酒店歇息时，遇到两个人，闲聊中他谈了自己赶集的经过，两个人听得哈哈大笑，说他回去准得挨老婆子一顿揍。老头子坚称绝对不会，那两个人就用两袋金币打赌，于是三个一起回到老头子家中。

　　老婆子见老头子回来了，非常高兴。听老头子讲赶集的经过。每听到老头子讲到用一种东西换了另一种东西，她竟十分激动地予以肯定："哦，我们有牛奶了！""羊奶也同样好喝。""哦，鹅毛多漂亮！""哦，我们有鸡蛋吃了"诸如此类。最后听到老头子背回一袋已开始腐烂的苹果时，她同样不愠不恼，大声说："我们今晚就可以吃到苹果馅饼了！"结果不用说，那两个人就此输掉了两袋金币。

　　也许你也会笑这对夫妇的痴傻，却不知这也是经营婚姻的一种智慧。试想如果老婆子会像那两个说的要把老头子揍一顿，后果会怎么样呢？但是聪明的老婆子却用赞美的方式尊重了老头子的选择，不仅避免了一场战争，夫妻两人的感情也会因为尊重而更为甜蜜。其实，仔细想想，我们结婚是为了什么，难道就是为了有一个随时随地和你吵架的人吗？相信所有的人结婚是为了能够获得更为快乐和幸福的生活。而要想婚姻生活幸福、和谐，夫妻之间最需要做到的就是相互宽容、尊重、信任和真诚。

钱钟书的《围城》里，方鸿渐与孙柔嘉最终走向分手之途，最大的原因，就是这对夫妻彼此伤害了对方的尊严。看来，夫妻之间亲密归亲密，但是还是得彼此尊重，否则酿成的只能是苦果。

　　剩女王萍终于在亲朋好友的三催四劝下选择了结婚。婚前的她一向是我行我素，完全跟着感觉走，可是自从走进了婚姻，有了另一个声音加入进来和她一起做出决定，有时还得听从更多人的声音或者顺从他们的习惯。就像结婚前，王萍嫌每天上班挤公车太累，于是毫不犹豫地从个人的小金库里提出一部分自己买了一辆小轿车。只要是不上班时间，她可以随心所欲地享受生活，甚至是背起背包来一次徒步旅行。可是结婚后，一切都变了，公公婆婆抱怨她开车上班过于浪费，休息的时间出行也需要给老公和家人报告，有时即便是说自己要出门，也会因为一些家庭琐事而取消。王萍觉得自己原来好像是一只自由飞翔的小鸟，可是现今却被圈在了一个笼子里。她曾试图与他沟通，想为自己向往的生活争取一点空间，可是他却以家庭现状来为自己开脱，一点都不顾及我的感受，这让她感到很痛苦。经过一番苦痛挣扎，王萍选择了离婚。

　　俄国大文豪列夫·托尔斯泰说："家庭成员之间必须互相尊重，而不是互相拴上链子。"尊重是爱的根源，是爱情存在的基础。恋人间没有相互尊重就不可能拥有真正的爱情，夫妻间没有相互尊重也就无法建立幸福美满的家庭。相互尊重是幸福婚姻中不能忽视的重要因素。因此，要想家庭幸福美满，夫妻之间必须做到相互尊重。那么，怎样才能够做到尊重对方呢？你需要从以下四方面着手做起：

（1）尊重对方的工作。

目前，夫妻俩在一起工作的不少，但也有很多是不在一起工作的，有的可能是妻子的工作好一点而丈夫的工作差一些，也有的是丈夫的工作好一些而妻子的差一点，这种情况下，有时夫妻间就会产生不尊重对方工作的现象。这种做法是极其错误的，无论职业怎样，每个人都是平等的人，夫妻间切不可因为其所从事的职业而不尊重对方，真正的夫妻应该是彼此尊重对方的职业和工作的。

（2）尊重对方的爱好。

夫妻之间，有很多的兴趣爱好都存在着很大的差异，不可能完全相同。这时候，就需要夫妻间互相尊重、支持和配合，努力使两个人的爱好向一起靠拢，以使矛盾尽可能少地发生，切不可根据自己的所需，鄙视对方的爱好，强迫对方服从自己，这样只会使夫妻之间的共同语言逐渐减少，到最后导致感情破裂。

（3）尊重对方的劳动。

现在的女性不同于以往，每个人都拥有一份自己的职业，在外面忙碌了一天，回到家里还要忙着做家务，这在整天提倡的男女平等中，本身就是一个不平等，但大部分妻子并没有说什么，仍然是做了。可是却有很多做丈夫的不能很好地体谅妻子，反而认为做家务是妻子理所当然的分内事，因此就不太尊重妻子的劳动，经常说这不对那也不对，总是挑剔衣服没有洗干净，饭做得不好吃等等。想一想，妻子每天为做家务付出了很大的代价，却得不到丝毫尊重，这是一种多么大的伤害，对于夫妻感情的发展也是极为不利的。

当然，如果妻子不尊重丈夫的劳动，也会破坏夫妻间的感情。

（4）尊重对方的人格。

夫妻之间的打骂，是对他人人格的侮辱和不尊重，这对于家庭的稳定会产生相当大的破坏作用。夫妻二人说话要和和气气，遇到什么事，大家协商解决，不能一意孤行。丈夫不能有大男子主义，以为我是一家之主，想干什么就干什么，想说什么就说什么，妻子是我的私有财产，我想打就打，想骂就骂；做妻子的也要防止出现"妻管严"的现象，不能对丈夫的任何事情都要问个为什么，不给他一点自由，使他失去作为男子汉的尊严，这样的生活是双方都不愿意看到的。互尊互敬才是夫妻生活中最基本的要素。

6. 与你的小姑子友好相处

俗话说："小姑贤，婆媳亲；小姑不贤乱了心。"女人在想尽一切办法与婆婆和平相处的时候，一定不能忽视与大姑、小姑友好相处。因为在婆家，大姑、小姑可都是举足轻重的人物，如果她们不喜欢你，那婆婆十有八九也是讨厌你的；可如果她们喜欢你，那婆婆对你的印象也绝对不会差，老公也会把你当作宝贝。

但是对于大姑或者小姑来说，无论是弟媳还是嫂子，都是一个后来的"外人"，她们自己才是纯正的"坐地户"。可对于新媳妇来说，大姑、小姑迟早都要嫁出去，"嫁出去的姑娘泼出去的水"，她们才是外人，而自己却是家庭的主要成员。正因为如此，姑嫂之间一般缺乏信任，感情上也相对封闭，很容易产生一些矛盾。

　　小林嫁给李彬的时候就知道有一个脾气不怎么好的小姑子，但在她看来，小姑子的脾气好坏与她的婚姻幸福没有任何一点关系，毕竟小姑子迟早都会嫁人。可是让她没想到的是，小姑子还没有嫁出去，她与李彬的婚姻却因为小姑子而终结。

　　其实，刚结婚的一段时间，小林对小姑子还是很照顾的，为她买了一套高级化妆品，在自己买衣服时还会为她捎带上一件。可是随着相处时间的增长，两人之间的矛盾就显现了出来。由于公婆很宠爱小姑子，所以在家小姑子基本上只要张开嘴吃就行了，其余的一切都不用她动手。可是即便是这样，如若做出的饭菜口味差一点，她还会念叨上半天，让在厨房里辛苦了半天的小林很是郁闷，好几次都想要回骂过去，但为了家庭和睦还是忍了下来。平常小林忙于工作，星期天好不容易等到休息，可是还要洗一大堆的衣服，其中还包括小姑子的衣服，看着躺在沙发上看着电视，吃着零食的小姑子，趴在地上擦地板的小林气得全身发抖，终于有一天，听着小姑子哈哈的大笑声，小林仍下手中的抹布，冲过去把电视给关掉了。就这样，小林与小姑子之间的第一场战争爆发。

也许是这次的战争埋下的祸根吧，在以后的日子里，小姑子每时每刻都会想尽办法挑战小林的耐心，引起两人之间再次的战争。自然，婆婆毫不犹豫地站在小姑子的一边，毕竟她们是母女，而自己只是一个突然闯进她们生活的陌生人而已。终于在与小姑子一年的战争中，小林对这种无休无止的家庭战争厌倦了。尽管小林仍旧深爱着李彬，可是她也清楚地知道，在这段婚姻里她不可能得到属于自己的幸福，不管她怎么努力一切都是徒劳。因为他们之间横着一个小姑子，而小姑子身后是一大堆的亲友团，甚至老公的心也有一部分偏向于小姑子，而自己从始至终都是一个人。于是，在所有的努力都无望后，小林选择了离婚。

姑嫂关系可以说是家庭关系中最敏感、最容易出现矛盾的环节。如果处理得好，将会促进家庭团结和睦；反之，就会成天摩擦，闹得一家人不安宁。那么如何与小姑子友好相处呢？

首先，做到尊重和理解，取得她心理上的认同。尊重她的自尊心，不可为了一点儿小事，就以长者自居，挖苦她，贬低她；理解她的生活、工作和学习中遇到的酸甜苦辣，并给予支持和帮助。只有这样做了，小姑子才会在心理上认同你，才会拉近彼此之间的距离，才会像亲姐妹一样无话不说，无事不讲。

其次，不要把小姑子看成是一个包袱，更不可把她当成争夺公公婆婆财产的"眼中钉"。有的嫂子看到婆婆对小姑子好，就嫉妒，心怀不满，生怕婆婆将自己的"私房钱"独自给了小姑子。媳妇应该明白，小姑子和婆婆本是母女，婆婆对女儿好点，合情合理。不要因为小姑子不是自己的亲妹妹，就对她漠不关心。只有把小姑子当成亲妹妹，有福同享，有难同当，这样才会有家庭的和睦和幸福。

再次，把小姑子看成一种人脉资源，这样对你的事业和生活都会大有帮助。现在有一种时尚又实际的说法是圈子化生存。圈子是资源，比如一起打球的圈子、一起吃饭的圈子，这些都可能拓宽你的人脉，拓宽你的财源。为什么不能在自己的亲友中，尤其是亲友的同辈、同龄人中建立一个以亲情为纽带的亲友圈子呢！

7. 婆家娘家都是家

人们常说："嫁出去的女儿泼出去的水。"可是对于独生子女的我们而言，想要完全如泼出去的水般对娘家不管不顾是不可能的事。对于娶了妻子的男人而言，若一心只想着自己的父母，却对妻子的父母置若罔闻也会引来许多的不满。当然，现实生活中也因为婆家与娘家无法端平而引起的争吵也不少。

比如，曾在网上看过一段《夫妻为到谁家吃饭吵架，年夜饭成年夜"烦"》的帖子，说的是都是独生子女的夫妻两人恩爱有加，可是等到春节来临的时候，夫妻俩人间却爆发了一场战争，原因是，妻子说自己自从嫁过来至今没怎么好好地陪过父母，所以应该乘过年长假的这段时间回家与父母好好聚聚，所以要求年夜饭跟自己的父母一起吃。而丈夫觉得这根本就没有道理，如若大年三十的把自己的父母丢在家里，去丈母娘家吃年夜饭，对自己父母不公，亲朋好友们也会说他是个不孝子，所以坚持年夜饭陪自己的父母吃。于是，夫妻两人不断地讨论，不断地争吵，第一次在一件事情上互不相让。

结了婚，迈入一个新的家门，你会突然发现三姑六婆莫名其妙地多了不止一倍，更为重要的是，我们也有了你父母与我父母之说，感觉上有亲有疏、有远有近，于是相互之间的矛盾也就不可避免地发生了，为二人世界蒙上了一层阴影。因此处理好婆家与娘家的关系是幸福婚姻很重要的一部分。

那么如何处理好婆家与娘家的关系呢？情感心理或婚恋专家提出过不少的建议和主张。比如宽容，不要斤斤计较；比如大方，不要过于吝啬钱财；等等。但这只是解决了表面问题，而无法解决问题的根本。因为人与人之间的关系太复杂无法面面俱到，处理问题关键是要用思想指导行动，首先必须要有正确的理念，没有理念指导的行动只能解决一时的问题，在出现新问题时可能又会束手无策，那么什么才是处理婆家娘家关系的核心理念呢？那就是：婆家娘家都是家，天平两端要放平。

　　说到底，婚姻家庭中任何的关系只要有爱作为前提，最终都能得到很好的解决，但爱总带那么点虚幻不够具体，只要落到实处这爱才有了归所，在谈爱的同时要懂得把爱转化为日常生活的具体，转化为一种习惯或一种自然而为的理念，如果单纯把爱限定于精神层次或仅于男女两方的你卿我爱，则难于有长久的和谐和幸福。因此我们要想自己的婚姻家庭幸福，就必须与婆家人友好相处，从内心深处把他们当成你的家人。当然了，这就需要我们有技巧地付出。

　　（1）家是重情不重理的地方。

　　谁家的日子不是柴米油盐、吃喝拉撒？有多少事情是需要拿到圆桌会议上讨论的？家是重情不重理的地方，不要想在这里讲理。当然，家事也有对错之分，但实在没有必要非弄出个所以然来。如果有人说太阳是从西边出来的，你就完全可以说对。只要你心里明白太阳是从东边出来的就行了，没有必要当面纠正，让人下不来台。在毫无血缘关系却又亲密有加的人面前丢面子，是人人都不愿意的！

　　（2）做一个好的倾听者。

　　也许你与妯娌不和，也许你与小姑不睦，也许你总是在抱怨她们如何给你穿小鞋，怎么离间你与老公，怎么心胸狭窄、小市民，但你千万不要把这些想法付诸行动。记住一条原则：看法归看法，做法归做法。对这些亲人就是有了天大的意见，也要当她们是爱人的亲人。比方说，任何人都希望得到他人的尊敬，因此即使你觉得她们的烧菜水平还在你之下，也不妨向她们请教其拿手好菜的做法；遇到困难时也别忘了征求一下她们的意见。学不学、听不听在你，关键是要让她们获得一种心理平衡，日后就会少制造一些麻烦。

（3）莫为小利斤斤计较。

心眼小的人容易走进死胡同，爱为一些小事斤斤计较，处处总想着沾光，生怕吃亏。有时妯娌之间、大姑姐和兄弟媳妇之间、小姑子和嫂子之间、晚辈和长辈之间都会发生争执，产生计较。多数的计较大都是晚辈把目标集中在长辈身上，说长辈不公道。比如，老人看某个孩子的日子过得较紧，就多给了他点钱，或平时在生活上多帮助了他一些。此时，大姑子、嫂子、妯娌之间都会有意见，认为老的偏心眼，而且她们有些时候并不明说，尽在老人面前说些疙瘩话。由此，可能会弄得婆媳不和，小姑子和嫂子之间见面不说话，妯娌之间闹分家。所以，在家庭交往中最忌讳的是相互计较，最可贵的是心胸宽广。

其实，婆家娘家都是家！只要放宽你的心胸，很多问题都会迎刃而解。

（1）时常与爱人父母闲谈。

和人熟悉是从沟通开始，从闲谈起步。在与他们所谈论的话题中，可以了解他们所感兴趣的事物，清楚他们的习惯和价值观，从而增强你与他们的熟稔程度。

（2）记得爱人父母的生日。

作为子女，要想表达自己的孝意，父母的生日是千万不能忘记的。对自己的父母不能忘，对爱人的父母自然更是不能忘。这样做，不仅有助于加强你与爱人父母的感情，也有助于你们的夫妻生活，使爱人因为你的善解人意而更加爱你。

（3）做事积极主动。

在爱人父母家中时，要努力成为家庭中的一员，融入其中，比如收拾桌子、洗盘子、整理厨房、跑腿、铺床，等等。如此自然会让爱人的父母分外喜欢你。

（4）让爱人陪自己回家。

提前告诉爱人回家的时间。很多男女常在即将回家的前一刻才告诉爱人，并且专制地下命令："你必须陪我去！"如果这样，爱人通常都会不开心。每个人都喜欢被尊重，提前通知爱人，会让他做好心理准备，到时就不会那么紧张。

缩短待在父母家的时间。回家之所以会让爱人感到劳累，大多是因为早去晚归，有时还不得不陪各位亲戚多多寒暄。所以，你不如严格规定一个时间，缩短活动，6点到达，9点离开。

（5）告状也要讲艺术。

千万不要在爱人父母面前说爱人的坏话，这样做，只会使你陷入孤立无援的境地。父母都有些溺爱自己的子女的心态，自己怎么骂都行，但决不准许别人讲自己孩子的坏话。所以在他们面前，即使你与爱人开玩笑也要注意分寸，免得自讨没趣。如果你和爱人闹了矛盾，爱人的父母怎么劝你，替你数落他的不是，你只需点头就可以了，千万不要毫无心机地控诉起来，小心在你们之间埋下不快的种子。

不要在自己的父母面前抱怨丈夫及他的父母。这实在不是明智之举。你的印象会直接影响你的父母对他们的印象，即使你是无意之中泄露的，疼爱你的父母仍然会记在心里。如此，亲家之间自然无法和谐相处。

第五章 留住青春和美丽，轻松把牢身边的他

　　想"抓"住丈夫的心，不是靠你辛辛苦苦地劳作，也不是凭你默默无闻地付出，而是看你是否顺眼。俗话说："三分妆容，七分打扮。"幸福女人都是打扮出来的。懂老公的女人会打扮，青春和美丽让女人魅力四射，轻松地把老公拴在身边。

1. 保持自己的容颜和身材

最让人难忘的是20世纪80年代曾出现过赫赫有名的"秦香莲上访团"到京城的全国妇联告状的那件事。那些在贫困的生活中，苦撑苦熬、侍候公婆养育孩子的妇女，到头来却被进城求学、经商、有了学历和地位的丈夫抛弃了……

我们不能不为之深思：

难道他们当初不相爱吗？当然爱；男人的信誓旦旦是假的吗？也不是。当时心里确实是那么想的，但时过境迁，在环境的改变下，爱情早已不复存在。即使还存有感激之心，在新生活的诱惑下，那也是极其脆弱的。除非妻子历经岁月磨难，仍然年轻漂亮体形保持完美，学识气质倍增，没有在苦日子中熬出的"黄脸婆"之相，那时你的丈夫才会对你刮目相看，恩爱如初。因为丈夫成功后，不再需要刻苦耐劳、蓬头垢面的妻子，而是需要花枝招展、雍容华贵、"拿得出去"的，必要时替他出面周旋张罗、助他一臂之力和要模样有模样、要学识有学识的女人。

明白了这一点，女人就得自己替自己想办法——犯不着因贤惠，为他牺牲了一切。有点儿"自我意识"，为自己保留一份容颜和体形，更要提高自己的知识技能，要立足于世，离开了他你也能生活，千万不要无条件地奉献全部，要为自己留出

123

一些时间空间，干点自己该干的事。要明白知识悬殊、境界不同，是幸福婚姻的最大绊脚石。

如果一味贤惠，整天蓬头垢面地干活，有了好吃的给丈夫吃，有了好衣服给丈夫穿，自己能省就省，弄得憔悴不堪，满脸皱纹，皮肤也没有光泽，穿着也没有气质，你都不珍爱自己，那怎么赢得别人的爱呢？因此做女人不能贤惠到如此份上，你吃啥让他也吃啥，你穿的理应比他更好，谁让你是女人要靠容貌取胜呢？男人只要有学识，穿着老旧也无妨，人家会以为那是名士风度，潇洒得很，众人照样刮目相看。

女人便不同，"人是衣裳马是鞍"，"三分人才七分打扮"，没有人会欣赏你的名士风度，所以不论穿休闲装还是职业装，长裙还是短裙，都要上下搭配得体，才能让人看着顺眼，让人想多看你几眼，为什么要蓬头垢面糟蹋自己呢？

别被他落得太远，有苦难也让他分担一些，而自己则要注意一点自己的姿色，洗完碗拖完地往手上涂点护肤油，以防干裂粗糙。粗茶淡饭也要营养均衡，不要使自己因为营养不良而衰老。以现在的物质条件，只要会安排，起码的营养是能够保证的。忽略点丈夫没关系，使点性子也没关系，多花点钱也没关系，但必须保持自己的漂亮和青春活力，必须常照镜子，有爱美的意识。

曾有一女性在未婚前十分的美丽，凭她的姿色也找了一个帅气的有才干的男人，两人如影相随，最后男人娶她为妻。婚后不久，她好吃懒做、不求上进的本性便暴露出来，不久又因怀孕生孩子丢了工作，整天衣衫不整头发蓬乱。为了给孩子喂奶方便，连胸罩也不戴，在人面前也不忌讳，撩起衣服就喂，毫不难为情。嫌麻烦更不穿丝袜和高跟鞋，而拖一双已磨得发旧的拖鞋。而她的丈夫却越来越帅，当个小头头，不知有多少漂亮的姑娘围着转。他们越发显得不相称。连周围的老大姐都为她捏着一把汗，想提醒她注意一下自己的形象，可她并不以为然，整天住在娘家抱着孩子东游西逛，好像生了孩子就可以理直气壮地糟蹋自己了。

她的丈夫心里不痛快，经常找朋友喝酒诉说，不好说她如何如何，只说她不"柔情似水"。心里烦躁之极，他已不拿她当可爱的妻，而只不过是儿子他娘而已，替他生孩子养孩子罢了。

因此，做女人的不要以为结婚就意味着你进了保险箱，打扮不打扮自己都无所谓，那你就错了。要想做一个幸福女人，首先要学会打扮自己，可以说婚前打扮是为找一个好老公，婚后打扮是为了稳住老公的心。修饰是女人的特权，这样，你的丈夫、孩子才会以你为自豪。

俗话说，"清官难断家务事"，家庭的纠纷、夫妻间的怨恨，有时是说不清道不明的。就像电视剧《牵手》那样，当年女主人公也是要才有才要貌有貌，可是为了忙家务，为了照顾孩子，尤其当时经济上又不富裕，她处处精打细算地过日子，不知不觉中放弃了自己的专业，变得琐琐碎碎起来。丈夫和她再也找不到共同语言，便爱上了别人。

人类之爱不完全在于实用，但求悦目，像一幅画，一曲古乐；它即使不能管吃管穿，但人们还是爱看它，欣赏它。

2. 长发风情尽显女人味

记得刘德华曾做过一个广告，他帅气地说了一句经典的话："我的梦中情人要有一头乌黑亮丽的长发。"时代飞速发展，各种流行发式争奇斗艳，但是女人一头飘逸的长发仍然在男人心中占有不可动摇的地位。拥有柔顺、光泽、飘逸的秀发，全然成为女人们用心想用的遐思，男人们酒酣耳热后的浮想。

柔顺、光泽、飘逸的秀发是判断一个女性是否美丽的标准。在当代，头发用以区分男女差别的功用早已被淘汰，但是女人的三千青丝依然吸引着男性的目光，使他们如醉如痴。可以说："女人的头发是一面飘扬的形象和品质的旗帜。"的确，头发给予女人的不仅是美丽，更是一种生命的象征，一个生活品质的标识。

一头飘柔滑顺的秀发令女人神采飞扬，能牢牢缠住多少倾慕的眼神！保养头发，应从以下做起：

（1）保证充足的睡眠。高温季节会造成睡眠少或质量差，由此会影响毛发生长。所以要防止过度疲劳，注意劳逸结合。

（2）增加相应的营养。毛发是由角蛋白组成的，内含多种氨基酸，营养不良会造成毛发生长障碍，影响毛发质量。因此，要多食用鱼、肉、奶等蛋白质含量高的食物。

（3）清除汗渍和油垢。夏季出汗多，油脂分泌旺盛，也会影响毛发生理代谢。因此，要经常清洗头部，及时清除汗渍和油垢，以利毛发生长。

（4）做好精神保养。脱发症与精神因素有着不可分割的关系，用脑过度、急躁、烦心多虑、忧郁悲哀等不稳定的情绪均会加重脱发者的病情。因此，一定要有宽松、愉快的心理状态。

（5）接受正规治疗。毛发脱落是种综合病症，它包含生理、病理、心理等原因。治疗脱发症，一定要找出致病因素，因人因症拟定治疗方案。

（6）尽量少用电吹风。平时洗发之后最好让头发自然风干，尽量少用或不用电吹风吹干头发。

（7）在搽上洗发水前，应先把头发全部弄湿，这样头发才不容易缠在一起。

（8）如果你的头发属于油性，不妨使用专为油性头发而生产的洗发水，但最好隔一次才用，因为如果次次使用会洗去太多的油脂，令头发自动分泌更多的油脂来补充。

（9）如果你的头发有敏感迹象，选用洗发水的成分越简单越好，因为这意味着有可能引起过敏症的概率越小。

（10）要使用有治疗头皮屑作用的洗发水来对付头皮屑；但一旦情形受控制后，这类洗发水便应减为每月只使用一次。

（11）如果你的头发本来属于油性，但在电烫或染发后，发质变得干燥，那就要根据发根的状况选择洗发水，护发素则应根据发尾的情况来挑选。

（12）每次洗头时顺便用指肚为头皮做一次按摩，但手指只应上下移动，如果打圈会令头发缠结。

（13）并不是每次洗头后都需要护发素的，只有在真正需要时使用才更佳。干性、粗糙或经过化学处理的头发洗后需要护发素，但油性头发每月用一至两次已经足够。

（14）毛巾也能伤害头发。在洗头后用毛巾太用力地擦干头发，可能会令头发角质层变得粗糙，甚至折断发丝，只可用毛巾压吸干头发，切勿大力擦拭。

（15）在洗头前，当头发仍然干时，用梳或刷子梳刷一下头皮，可除去头发上的污垢，但切记不要大力梳刷头皮。

（16）在使用美发用品时，要记住一点，就是所有含酒精的产品都会令头发变干，还是少用为佳。

（17）如果你一定要用电吹风吹干头发，就不要吹到完全干透。一般来说，吹到八九成干即可，否则便会令头发变得又干又硬，而且容易折断。

虽然上天雕琢了女人的五官，但也留下大把的青丝供女人们自由挥洒。或者长发垂腰，奔泻而下；或者编束成辫，摇曳多姿；或者挽成发髻，风格独特；或者烫成卷发，妩媚动人；或者俏丽短发，开放洒脱；或者带点自然的凌乱，轻松随意。可以说女人魅力的一半在头发上，好的发型对女人的形象来说，比化妆和服饰更为重要。

如果发型与体形协调好了，就能够起到扬长避短的作用，从而突出整体的美感，让你的魅力大增。

高瘦型。身材高瘦的女性容易给人细长、单薄、头部小的感觉。这种身材的女性应尽量避免将头发梳得紧贴头皮，或将头发高盘于头顶，以免造成头重脚轻的感觉。不适宜梳生动饱满、淡雅舒展的发型，留长发或有层次的短发会是较为理想的选择。

矮小型。身材矮小的女性给人一种小巧玲珑的感觉，在发型选择上应以秀气、精致为主，避免粗犷、蓬松，否则会使头部与整个形体的比例失调，给人一种大头小身体的感觉。不宜留长发，因为长发会使头显得大。若要烫发应将花式做得小巧、精致一些，而盘头会在视觉上让你增高。

高大型。身材高大的女性给人一种力量美，但缺少苗条、纤细的美感。为适当减弱这种高大感，发式上应以大方、简洁、明快、线条流畅为宜。一般以直发为好，或者大波浪卷发，但不太蓬松为最佳选择。

矮胖型。身材矮胖的女性给人一种富有生气的健康美，利用这一点可选择运动式发型。但因矮胖者一般脖子较短，因此不宜留披肩长发，尽可能让头发向高度发展，显露脖子以增加身体高度感。

要想让头发更好地展现你的魅力，女性们还应做到让发型弥补脸型的缺陷和不足，而且脸型也是决定发型的重要因素。选择发型时，首先要强调个人的脸部个性，突出脸部的轮廓，强化美的感觉。

长脸形。这种脸型的女性应该用优雅可爱的发式缓解由于脸长而形成的严肃感。在发型的轮廓上，顶部应平伏，前发宜下垂，使脸部变得圆一些，同时还要使两侧的发容量增加，以弥补脸颊欠丰满的不足。对于脸型狭长的女性来说，将头发做成卷曲波浪式可增加优雅的品位，应选择松动而飘逸、整齐中带点乱的发型。

圆脸型。这种脸型的女性可以通过增加发顶的高度使脸型稍稍拉长，给人以协调、自然的美感。在梳妆时要避免面颊两侧的头发隆起，否则会使颧骨部位显得更宽。而侧分头缝，梳理垂直向下的发型，直发的纵向线条可以在视觉上减弱圆脸的宽度。

方脸型。这种脸型的女性在梳妆时可以以圆破方，以柔克刚，使脸型的不足得到弥补。可将头发编成发辫盘在脑后，使人们的视觉由于线条的圆润而减弱对脸部方正线条的注意。前额不宜留齐整的刘海，也不宜全部暴露额部，可以用不对称的刘海破掉宽直的前额边缘线，同时又可增加纵长感。两耳边的头发不要有太大的变化，避免留齐至腮帮的直短发。

菱形脸型。这种脸型的女性可将额上部的头发拉宽，额下部的头发逐步紧缩，靠近颧骨处再设计一种大弯形的卷曲或波浪式的发束，以遮盖其凸出的缺点。

三角形脸型。根据发型与脸型的比例关系，梳理时要将耳朵以上部分的发丝蓬松起来，用喷发胶或定型剂可以达到这种效果，这样能增加额部的宽度，从而使两腮的宽度相应的减弱。

倒三角形脸型。这种脸型的女性在梳理时可选择侧分头缝的不对称发式，露出饱满的前额，发梢处可略微粗乱一些，这样能将年轻女性纯情、甜美、可爱等特点直率地表现出来，达到整洁、美观、大方的效果。

不管你是何种类型的女人，只要你愿意你也可以拥有魅力，或者比别人更有魅力。当然，你首先要做的是，站在镜子前好好地研究一下你的脸型和体型，然后找--些杂志或者上网看看别人的发型，从中找到适合自己的。做到这些以后，你就要找一个比较好的发型师，把你的想法告诉他，再听听他的意见。这时，我想你已经找到适合你的发型了吧。

想成为有魅力的女人吗？那么，开始行动吧，让发型提升你的女性魅力，跟以前的自己说拜拜！

3.　三分美丽，七分装扮

提到化妆，也许你的眼前会浮现出这样的场景：一个女人拿着一只大大的刷具在脸上拼命地刷，或是坐在化妆台前，眼前已是堆积如山的化妆盒。可以说，美女之所以成为美女，是因为她们不会错过任何为美丽加分的机会。妆出气质与品位，化妆就是有这种奇特的效果，不管你原本漂亮与否，你都可以光彩照人、魅力四射。

妆容，是人体装饰艺术中最重要的组成部分，也是日常生活、交际礼仪中不可缺少的。适度而得体的妆容，可以体现女性端庄、温柔、美丽、大方的独特气质，达到巧夺天工的效果。化妆是实现美丽妆容的手段，它是用化妆品及艺术描绘手法来达到装扮美化的目的。化妆一定要适当，要恰如其分，也就是说懂得化妆才能很好地掩盖缺点，甚至缺陷，更好地体现人的五官优点，让人更美、更有信心、更有魅力。社交场合，得体适度的妆容，既是自尊自信的表现，也是对他人的尊重。化妆是运用色彩、线条、层次等方式美化容貌的一个重要手段，正确、准确、精致、和谐是运用好化妆手段的四个要点和层次。

（1）正确。

"正确"主要是指对人体部位的基本的化妆原则。化妆一定要把握好正确的原则，否则即使你唇线描得再好，眼影匀得再精致，都脱不了俗或给人不顺眼的感觉。比如你要知道眉毛正确的起始点和角度、高度等基本原则：通常眉头的起始位置与内眼角的位置一致，"三停五眼"所说的"五眼"便是在两个眉头之间可以放下一个眼睛的长度。如果不懂得这个原则，眉头超出内眼角，两眉之间距离过短，人会显得压抑、狭隘、苦闷；如果眉头位置不到内眼角，两眉距离过宽，人会显得呆板、缺乏活力，甚至显得痴呆。

（2）准确。

这里所强调的"准确"和前面的"正确"有不同的含义。"正确"偏重于掌握化妆的理论性原则，"准确"强调的是你的化妆操作技巧，落笔要娴熟，要能够准确地将化妆的原则表现出来。比如说唇形化得好不好，不能单一从大小、厚薄及形状等方面评价，还必须学会如何适合你的脸型、气质，并懂得与将要出席的场合相适应。

再比如，唇部化妆中，有一条基本的原则，即上下唇的厚度比例应为1：2，唇谷应在人中中央的位置上。这样的唇，称为标准唇。不要小看这一条简单的化妆原则，要想把它准确地画出来，不经过充分的练习是达不到的。

（3）精致。

中国女性的妆面大多不够精致，这是自小缺乏美育熏陶带来的问题。她们大多没有精细的修养观念和习惯，同时也没有每时每刻保持形象毫不松懈的意识，因此修饰中带有较多粗糙的痕迹，比如口红边沿不清晰、粉底浮乱、眉毛不修饰，等等。

精致是需要长期培养和打磨的，事实上，相对于化妆的其他三大要素，精致是最容易达成的，你要做的只是反复练习和坚持不懈。当你每次都能够很精致地涂好口红，有了一条流畅和清晰的唇线轮廓，你就会发现你的气质和品位提升了很多。

（4）和谐。

和谐是化妆的最高境界，如果这种和谐还能自然而得体地表现出你的个性和特色，那就再好不过了。和谐包含三个层面，一是妆面的和谐，妆面的和谐表现在各个部位的化妆上，风格、色彩都要统一。比如眉形如果柔美，唇形也应随之柔美；又比如眼影是冷色调，口红也应为冷色系。面部是五官比较集中、视觉反应较为强烈的视觉焦点，妆面冲突与不和谐会使女人的品位大打折扣。和谐的第二个层面是妆面与整体形象的和谐，也就是妆面与发型、服饰、配饰等相关体的和谐。和谐的第三个层面是妆容与外环境的和谐。这里的外环境指的是你要表达的气质，你将要出席的场合，你是什么年龄、职业和社会地位。你要善用化妆手段表达和强化它们。

化妆不仅是美化手段，也是一种情感的表达和生活态度的表达。善于化妆的女人，把通往生活之门的钥匙放在了自己手里，她在尝试努力吸引别人的关注和欣赏的目光，鲜明地表达着自己积极的态度。

4. 选择适合自己的服装风格

"我们生活不是为了穿戴，我们穿戴是为了生活。"这是女人着装应遵循的原则。正是在这个原则下，关于服装的风格，关于服装流行的趋势，几乎可以畅所欲言。女人着装的风格，不仅要美观，而且要实用，首先要能突出一个女人的个性特点。

什么样的衣服才算"好衣服"？其实很简单，除了与自己的年龄、身份、肤色、身材及穿着的场合相吻合外，无非是这么几个要素：样式别致、颜色协调、质地上乘、做工精良。但问题是好的衣服大家都知道，"不好"的衣服却未必人人皆知。借用托尔斯泰的语式来说，就是好的衣服大致相同，不好的衣服却各有各的不好。可是现如今不少报刊总是对"好"衣服给予大量篇幅，到处美人纤体华服，虽然营造了当前经济、文化、社会等无处不在的商业气息。然而，讲讲"不好"似乎更有些实实在在的用处。

曾有人说，在人类文明的衣、食、住、行的最初形式之中，衣服是最富有创造性的。的确，衣服是人的第二皮肤，特别是对女性来说，无论是其衣服的造型还是制作，都要追求独具匠心的创造，确立自己的着装风格，并通过这种创造演绎出一种令人难忘的审美情感。

服饰也有个性。要学会用能表现自己独特气质的服饰装扮自己，使装扮与自己相符，内在的气质与外表相一致，就看着"顺眼""舒服"。比如，文静偕清淡简洁、活泼伴鲜明爽快、洒脱宜宽缓飘逸、高傲忌繁复的装饰和柔和的暖色，等等。你一定有过这样的经历，穿上一身得体的衣服，心情会立刻好起来，头不扬自起，胸不挺自高，步子迈得比平时轻盈，人也特别有信心，无论是走在街上，进到商场里，或是在办公室，好像普天之下没有什么办不成的事。

其实，衣着打扮并不神秘，任何人只要肯留心，都能掌握最基本的要领。我们平常所讲的"风度"，就是内在气质与外在表现相互衬托、彼此辉映的结果。风格的形成越早越好，因为有了风格，你的体貌特征才能与服饰间出现规律性的结合，使你的形象给人带来无与伦比的贴切感。有风格还不怕老，因为越老风格越成熟、越突出。有风格一定会带来自信，因为风格是个性的东西，别人可以羡慕，却无法效仿，这样，你就可以成为时尚的独立载体。

生活中，我们很少将风格与自身的特点及其穿衣方法挂钩，因此人们才会面临着无数的装扮烦恼：我该留什么样的发型？穿哪种款式的衣服？戴多大的耳环？穿什么样的鞋型？为什么今年流行的那款裙子我穿着不对劲等等。你会发现这些烦恼都来自一个问题，那就是我到底适合什么？

我到底适合什么？要解决这个问题，唯一的办法就是要搞明白"我是谁？"

首先，你要了解自己的外形特征，这里分为外形的轮廓特征和体量特征；其次，要了解由自己的面部、身材、神态、姿态及性格等与生俱来的元素所形成的气质和氛围给人带来哪类的视觉印象，即周围人往往用哪类的形容词来形容你，以此找到自己的风格类别归属；最后，通过对女性款式风格类型的理解去对号入座，按自己的风格类别归属去扮靓自己。

根据行为、举止、性格、受教育程度等，通常把女人分为高贵典雅型、传统典雅型、利落大方型、罗曼蒂克型、自然主义随意型、自然主义异域风情型、楚楚可人型、前卫少年俊秀型、前卫少年睿智型、前卫戏剧型等十种气质型。

（1）高贵典雅型女人。

端庄、知性、圆润、优雅、高贵、成熟、大家闺秀。以曲线剪裁为主的款式或曲线趋于直线的款式，使其具有自然的肩线，强烈的腰线。这种优雅而简单的造型，能够体现出精致、优雅的品位、成熟高贵的气息。非常适合洋装、线条流畅柔美的套装或针织套衫等。材质与花样为高品质的天然材质，柔软、光滑但不贴身的面料。正式场合以素色相搭配，休闲装可用树叶、花朵、波浪、漩涡或小的商标等花样来点缀。

（2）传统典雅型女人。

端庄、知性、硬朗、成熟、能干、严谨、有责任心。以直线剪裁为主的款式，适合柔和的垫肩和做工精细合体的套装。领型适合V字领、小方领、西服领等。要注意回避过分曲线剪裁的款式，如荷叶边、青果领等，但可以不受潮流影响，给人以古典精致、端庄有分量的感觉。材质与花样为高品质的天然材质或柔软适度、有型的面料，以中性色为主色调；也可用点状、条纹、方格、花朵、树叶等花样来点缀。

（3）利落大方型女人。

年轻、时尚、利落、能干、前卫、行动力。适合以直线与曲线相结合的剪裁，形成时尚、简约的式样。颜色以黑、白、灰以及五彩色为主。整体给人感觉简洁大方、时尚、摩登，有与时俱进的现代气息。材质与花样为天然的毛料、真丝或高科技合成面料，以素色为主；也可选择简单的条纹、几何纹、花、叶、树纹、动物皮纹、抽象图案等。

（4）罗曼蒂克型女人。

浪漫、性感、成熟、大家闺秀、热烈。适合以曲线剪裁为主的、非常合体而圆润、浪漫感觉的款式，特别是要强调腰部、胸部、背部的曲线，应贴身而体现妩媚与性感。靠近脸部要做曲线型的领。最适合裙装，如收紧的包裙。大波浪裙子，且适合曲线的褶皱、荷叶边或华丽、线条流畅、有蓬松感的衣服。需要体现含蓄隐藏的性感。材质与花样为豪华的丝绒、丝绸、金银线的织物，或选用柔美、轻盈、透明、质地柔软、悬垂性好、华丽、质感的面料，以体现女人味。选择可爱、优美的花样，波浪形、象形图案等，如动物、树的纹路、叶子、梦幻般模糊不清的流线型花朵图案、绣花类、镂空花样等。

（5）自然主义随意型女人。

亲切、自然、平和、中庸、返璞归真。多穿着有都市感却又平凡普通的服装，追求舒适与随意、简单不花哨，自然易活动的款式，如套头的高领毛衣、牛仔裙（直线剪裁的A字裙、吊带长裙），也可穿大一号的款式。材质与花样为亚麻、棉质、牛仔布、灯芯绒、磨纱皮等天然材质为宜；颜色选择不太鲜艳，以趋向于自然的色系为好。格状条纹、几何图案都是最佳选择，还可有动物图纹、大自然的花纹、编织纹等。

137

（6）自然主义异域风情型。

艺术、夸张、别致、异国情调。适合能体现女人艺术、表现夸张，可直可曲的剪裁，且适合把一切不和谐的东西穿在身上。这样的穿着打扮乍看是随意的，但细品时却发现是经过深思熟虑后的搭配，显得大胆、狂野、陌生的异国情调。也适合穿着历练千古的民族风味的款式。材质与花样为亚麻、棉质、蜡染或华丽的纱、绸等；图案选择传统艺术或夸张、有异国情调的花样。

（7）楚楚可人型女人。

可爱、圆润、天真、优美、怜爱。柔和、流畅、飘逸的款式最能表现可爱和轻盈的气质。适合小曲线有褶皱的款式，如小型蕾丝花边、细小的花朵、蓬松的灯笼袖等服装。材质与花样为柔软、细腻、透明的材质，如丝质、纱质、蕾丝等。回避过重、粗糙的麻质花样，选择水滴型的、蝴蝶结的、卡通的或花朵等有规律感的图案。

（8）前卫少年俊秀型女人。

帅气、中性、直爽、前卫、古灵精怪。适合直线剪裁的服装、裤装，若要穿裙子则要穿直线裙配短上衣、T恤等，以体现出帅气的打扮。适合在细节上强调明线、明兜、拉链、肩章、立领、小开领等。材质与花样为细灯芯绒，薄的毛料、呢料、人造皮、皮革、漆皮、牛仔布等；细小清晰的几何图形是最好的花样，而硬的、有棱角的、格子、斜条纹的也都适合。

（9）前卫少年睿智型女人。

帅气、中性、直爽、前卫、知性、有责任感。适合直线剪裁的服装。着裤装比裙装好看。适合穿中性十足的中式立领或多扣式以及在细节上有明线、明兜、拉链、开领背帽等款式的服装。材质与花样为粗的灯芯绒，薄的毛料、呢料、皮革，有硬度的绸缎等；花样适合民族风格的图案，或格子、斜纹、几何图案等，也可以素色为主色调，但不可太艳丽。

（10）前卫戏剧型女人。

前卫、夸张、大气、醒目、存在感强。拒绝平庸的服饰，而用引人注目、夸张、醒目、华丽而大气的款式，剪裁可曲可直。材质与花样为可选择硬挺的皮革或高科技合成的面料以及呢料绒面、闪光面料、透明飘逸的丝质绸缎等；花样可选择大气的几何图案，怪异的、动物纹路或大花朵的图案。

风格是每个人都拥有的，千万不要认为只有漂亮的人才能谈风格。风格绝对是每个人自身散发出来的一种与生俱来的氛围和气质，是你区别于任何其他人的个性标志，也是你要进行打扮的"底子"。无论你身材高低、五官如何，你都会有你确定性的风格和魅力。风格不是"我想怎么样""我要怎么样"，而是"我是什么样的""我就是这个样的"问题。因此，我们不用羡慕别人的身高和美腿，也不用模仿谁的发型，更不能盲目地跟随流行。不把"底子"弄明白就往上添加东西，结果是可想而知的。应该说每个人都有属于自己的美，也就是自己的个性魅力。只是人往往不知道金子就藏在自身，总到别人身上去挖宝，却不知道真正的宝藏就是自己。

5. 服饰色彩搭配要和谐

　　女人的形体、气质、服装、配饰等是各自独立的部分，或美，或不美，独立时可能是美的，合为一体可能又是不美的，这便有了一门新的学问—形象设计。形象设计讲的是如何将这些独立的部分整合构成新的特定形象。服饰搭配则是这门学问中最为重要的一部分，是形象设计的灵魂。

　　搭配是一门艺术，涉及面极为广泛，同时，搭配对女性来说又是一种情趣。善用色彩是搭配中最重要的元素之一，有人说它是整体服饰的灵魂和支柱。服饰色彩是服装感观的第一印象，它有极强的吸引力，若想让其在着装上得到淋漓尽致地发挥，这就需要你充分了解色彩的特性。

　　当然，对于不同的年龄段、不同的特定需求而言，三要素的重要性也是会有所偏重的。年轻人款式变化更为重要，款式是一种形式或结构，它利用线条、面积、图案表达出时代感、文化感、潮流感。面料对于中年人就会显得更为重要，面料代表着品质、内涵及修养程度。懂得三要素之间互为作用，并且知道它们具有重要的隐喻功能，是驾驭服饰运用的基本功。

　　再者，浅色调和艳丽的色彩有前进感和扩张感，深色调和灰暗的色彩有后退感和收缩感。恰到好处地运用色彩的两种观感，不但可以修正、掩饰身材的不足，而且能强调突出你的优点。如对于上轻下重的形体，宜选用深色轻软的面料做成裙或裤，以此来削弱下肢的粗壮。身材高大丰满的女性，在选择搭配外衣时，亦适合用深色。这条规律对大多数人适用，除非你身体完美无缺，不需要以此来遮掩什么。

有些女性总认为色彩堆砌越多，越"丰富多彩"。集五色于一身，遍体罗绮，镶金挂银，其实效果并不好。服饰的美不美，并非在于价格高低，关键在于配饰得体，适合年龄、身份、季节及所处环境的风俗习惯，更主要的是全身色调的一致性，取得和谐的整体效果。"色不在多，和谐则美。"正确的配色方法，应该是选择一两个系列的颜色，以此为主色调，占据服饰的大面积，其他少量的颜色为辅，作为对比，衬托或用来点缀装饰重点部位，如衣领、腰带、丝巾等，以取得多样统一的和谐效果。

总的来说，服装的色彩搭配分为协调色搭配和对比色搭配。对比色搭配分为强烈色配合和补色配合；协调色搭配分为同类色搭配和近似色相配。

（1）强烈色配合。

强烈色配合指两个相隔较远的颜色相配，如黄色与紫色、红色与青绿色，这种配色比较强烈。

日常生活中，我们常看到的是黑、白、灰与其他颜色的搭配。黑、白、灰为无色系，所以，无论它们与哪种颜色搭配，都不会出现大的问题。一般来说，如果同一个色与白色搭配时，会显得明亮；与黑色搭配时就显得昏暗。因此在进行服饰色彩搭配时应先衡量一下，你是为了突出哪个部分的衣饰。不要把沉着色彩，例如深褐色、深紫色与黑色搭配，这样会和黑色呈现"抢色"的后果，令整套服装没有重点，而且服装的整体表现也会显得很沉重、昏暗无色。比如说，黑色与黄色就是最亮眼的搭配。

（2）补色配合。

补色配合指两个相对的颜色的配合，如红与绿、青与橙、黑与白等，补色相配能形成鲜明的对比，有时会收到较好的效果，黑白搭配是永远的经典。

（3）同类色搭配。

同类色搭配指深浅、明暗不同的两种同一类颜色相配，比如青配天蓝、墨绿配浅绿、咖啡配米色、深红配浅红等，同类色配合的服装显得柔和文雅。比如说，粉红色系的搭配，让你整个人看上去是一个性格温柔的女性，进而增添你的美色。

（4）近似色相配。

两个比较接近的颜色相配，如红色与橙红或紫红相配、黄色与草绿色或橙黄色相配等。不是每个人穿绿色都能穿得好看的，绿色和嫩黄的搭配，给人一种很春天的感觉，整体感觉非常素雅，进而使淑女味道不经意间流露出来。

职业女装的色彩搭配。职业女性穿着职业女装活动的场所是办公室，低彩度可使工作在其中的人专心致志，平心静气地处理各种问题，营造沉静的气氛。职业女装穿着的环境多在室内、有限的空间里，人们总希望获得更多的私人空间，穿着低纯度的色彩会增加人与人之间的距离，减少拥挤感。

纯度低的颜色更容易与其他颜色相互协调，这使得人与人之间增加了和谐亲切之感，从而有助于形成协同合作的格局。另外，可以利用低纯度色彩易于搭配的特点，将有限的衣物搭配出丰富的组合。同时，低纯度给人以谦逊、宽容、成熟感，借用这种色彩语言，职业女性更易受到他人的重视和信赖。

（1）白色的搭配原则。

白色可与任何颜色搭配，但要搭配得巧妙，也颇需费一番心思。白色下装佩戴条纹的淡黄色上衣，是柔和色的最佳组合；下身穿着象牙白长裤，上身穿淡紫色西装，配以纯白色衬衣，不失为一种成功的配色，可充分显示自我个性；象牙白的长裤与淡色休闲衫配穿，也是一种成功的组合；白色褶裙配淡粉红色毛衣，给人以温柔飘逸的感觉。红白搭配是大胆的结合：上身着白色休闲衫，下身穿红色窄裙，显得热情潇洒。在强烈对比下，白色的分量越重，看起来越柔和。

（2）黑色的搭配原则。

黑色是个百搭百配的色彩，无论与什么色彩放在一起，都会别有一番风情，和米色搭配也不例外！例如夏季，这样会使整个人看起来格外舒适，还充满着阳光的气息。其实，不穿裙子也可以，换上一条米色纯棉的休闲裤，脚上还是那双休闲鞋，依然前卫，美丽逼人。

（3）蓝色的搭配原则。

在所有的颜色中，蓝色服装最容易与其他颜色搭配。不管是近似于黑色的蓝色，还是深蓝色，都比较容易搭配，而且，蓝色具有紧缩身材的效果，极富魅力。

生动的蓝色搭配红色，使人显得妩媚、俏丽，但应注意蓝红比例适当。近似黑色的蓝色合体外套，配白衬衣，再系上领结；出席一些正式场合，会使人显得神秘且不失浪漫。曲线鲜明的蓝色外套和及膝的蓝色裙子搭配，再以白衬衣、白袜子、白鞋点缀，会透出一种轻盈的妩媚气息。

上身穿蓝色外套和蓝色背心，下身配细条纹灰色长裤，呈现出一派素雅的风格。因为，流行的细条纹可柔和蓝灰之间的强烈对比，增添优雅的气质。

蓝色外套配灰色褶裙，是一种略带保守的组合，但这种组合再配以葡萄酒色衬衫和花格袜，显露出一种自我个性，从而变得明快起来。

蓝色与淡紫色搭配，给人一种微妙的感觉。蓝色长裙配白衬衫是一种非常普通的打扮。如能穿上一件高雅的淡紫色的小外套，便会平添几分成熟都市味儿。上身穿淡紫色毛衣，下身配深蓝色窄裙，即使没有花哨的图案，也可在自然之中流露出成熟的韵味。

（4）褐色的搭配原则。

与白色搭配，给人一种清纯的感觉。褐色及膝圆裙与大领衬衫搭配，可体现短裙的魅力，增添优雅气息。选用保守素雅的栗子色面料做外套，配以红色毛衣、红色围巾，鲜明生动，俏丽无比。

褐色毛衣配褐色格子长裤，可体现雅致和成熟。褐色厚毛衣配褐色棉布裙，通过二者的质感差异，表现出穿着者的特有个性。

（5）米色的搭配原则。

用米色穿出一丝严谨的味道来，也不难。一件浅米色的高领短袖毛衫，配上一条黑色的精致西裤，穿上闪着光泽的黑色的尖头中跟皮鞋，将一位职业女性的专业感觉烘托得恰到好处。如果想要一种干练、强势的感觉，那就选择一套黑色条纹的精致西装套裙，配上一款米色的高档手袋，既有主管风范又不失女性优雅。

现如今的时尚中，米色因其简约与富于知性美而成为职场女性着装的常青色。与白色相比，米色多了几分暖意与典雅，不事夸张；与黑色相比，米色纯洁柔和，不过于凝重。在追求简单、抛却繁复的时尚潮流中，米色以其纯净典雅气息与严谨的现代职场氛围相吻合。当要将任何一种颜色穿出自己的美丽、穿出最佳效果，都要讲究搭配，米色也不例外。

总之，你得把自己当作一个整体来对待，协调身体各部位的关系，注重整体效果。

6. 用配饰点缀你的美丽

生活中，很多女性只顾着在或华丽或民族或淑女的服装上打算盘，做美丽投资，而忽略了配饰的重要。尽管有特点的首饰可能会比服装贵，但一件首饰可以搭配许多服装，且因不会过时能长期配戴。

（1）首饰。

佩戴首饰的目的在于点缀服装的精华，同时又能掩饰身体的局部缺陷。首饰与服装搭配时，要特别注意风格的针对性，比如深色晚礼服可以佩戴一些鲜艳夺目的珠宝首饰，如钻石耳环、镶钻石的胸针、红宝石吊坠及白色珍珠项链等，这样便会在庄重中凸现出超群脱俗、高贵华丽的气质。而浅色礼服一般不要佩戴艳色系列的珠宝首饰，如红宝石等。相反，浅绿色的翡翠戒指、K金项链、浅蓝色蓝宝石吊坠及粉红色的珍珠饰物则可在纯洁的气氛中增加几许妩媚和温馨。通常，黄金、白银及洁白的珍珠、透明的钻石等，均为万能的中间色，可与任何色调的服装配用；而白玉、紫晶、海蓝、红宝石、翡翠绿等宝石首饰，则应根据时装颜色来选配。如穿墨绿色丝绒的旗袍，胸前佩戴玛瑙镶金边的别针，会产生"万绿丛中一点红"之感。

与服装搭配的各种饰品一般不宜过多，否则会喧宾夺主，必须使其处于陪衬地位。一条精致的项链在一套素色服装上就可以起到点缀、提神的作用，如果再配上手镯、胸花、腰饰，那么，它们的精致程度、反光亮度以及色相纯度都各不相同，反而显得俗气，若再加上浓妆艳抹、举止轻浮，便成为不正经的女性形象了。

此外，佩戴首饰还应该考虑首饰的质地和自己的肤色，较深的肤色，配上质地为白银的首饰，会显得和谐稳妥；性格沉静的少女，佩戴金色的首饰，能使人更觉高洁、文雅。一般说来，少女配上有一点颜色的珐琅首饰，会显得活泼、伶俐。但值得注意的是，一些在公共场合工作的人，如公关小姐、管理阶层人士戴上与服装颜色相近、粒度大小中等、形状线条简洁的珠宝首饰会营造出一种干练与柔和统一的气氛。相反，过大或过分闪耀的大粒钻石、红宝石首饰则会给人一种咄咄逼人的感觉。一般人在工作之余或在一些轻松愉快的场合往往喜欢穿便服，如T恤等，或一般的裙装，这时戴一些主石不太突出的由一般的宝石或人造宝石镶嵌的首饰，如"苏联钻""石榴石"等是较为和谐的。

（2）帽子。

色彩选择上最好与衣服是同一色系，不仅显得色彩协调，最重要的是可以使人显得修长、高挑。但是要切记，脸色偏黄的人不适合黄绿等色调，还有就是紫色的帽子有时候会令黄皮肤越发暗黄，或者使苍白皮肤越发苍白，要慎重选择。但是皮肤白皙的女性选择余地就会非常大。

一般来讲，圆形脸的女性为了让自己脸部的线条看起来更加清楚，不至于像大饼脸，可以选择较长帽冠、不对称帽檐的帽子，这样会使脸型显得立体；而方形脸的女性可以选择比较鲜艳的帽冠和不规则边缘的帽子，这样看上去能因为线条的参与而使脸部轮廓显得柔和；长形脸的女性由于脸型的弧度比较窄，所以不适合帽檐太窄的帽子；三角脸型的女性由于下巴比较尖，所以适合采用高帽冠的帽子，但一定要选择帽檐适中的款式，因为如果帽檐太大，反而会对比出脸型的窄小，视觉效果会受到影响。

（3）手套。

手套不仅可以御寒，而且是衣服的重要饰件。手套颜色要与衣服的颜色相一致。穿深色大衣，适宜戴黑色手套。女士在穿西服套装或时装时，可以挑选薄纱手套、网眼手套。女士在舞会上戴长手套时，不要把戒指、手镯、手表戴在手套外，穿短袖或无袖上衣参加舞会，一定不要戴短手套。

（4）围巾。

那些深沉色泽的西服套装，虽然够端庄，但是常常会使人脸色发暗。在正式场合虽然让人觉得十分得体，但也很容易淹没我们的个性。那些丝质面料的丝巾往往要派上用场，它们在这个时候往往会增添我们的妖娆气息。比如藏青色西服可以搭配纯白色的绸缎围巾，不仅高贵典雅，同时还衬出了白皙的皮肤。银灰色的服装看上去容易使人平淡、呆板，但如果搭配不同颜色的丝巾就会有不同的效果。比如稍胖的女性可以搭配深色丝巾，这样显得视觉上纤细很多，而比较瘦的女性可以搭配红色丝巾，使银灰色的平淡变得洋气而生动。如果穿红色的毛衣，可以用黑色透明的围巾压住红色，从而不至于太刺目，还能让肤色白皙，更显得美丽典雅。如果是乳白色的毛衣，下配黑裤子，围一条玫瑰色围巾，会使人觉得高贵得体，对体型修长的女性更加适宜。至于那些拉毛、羊毛、膨体和钩针编织组合的围巾，不宜与较薄的衣服搭配。呢子大衣、羊绒大衣围上式针织的花复杂的大围巾，却能显得很端庄。要记住：大衣颜色深，围巾就可以鲜艳些，弥补大衣色彩上的不足；而如果大衣颜色淡，则可以用色彩素雅稳重的围巾，使大衣显得较为正式。

（5）钱包。

当你掏出钱包付账的时候，是否会下意识地检查钱包是否依然体体面面？由于钱包的"出镜率"极高，很容易引起别人的注意，因此在皮质和款式上都有较高的要求。皮质坚挺又不失柔软的钱包容易塑造经典的钱包外形，比较适合对生活有所要求的人使用。像知名品牌的经典钱包款式，素雅简单的设计足以体现一个人精致的生活态度。

（6）皮包。

女性出门总少不了带个包。在注重装饰的今天，女性的包远远超出了它的实用价值，成为女服饰配套的一个重要组成部分，在整个形象中处于很惹人注目的部位。拥有包的数量不必多，但质量要好。若是皮包，要注意皮质和脚上的皮鞋配套，颜色风格要与所穿服装协调。如果你穿着一套风格朴素的服装，却挎着装饰华美的皮包，会有一种喧宾夺主、"只见皮包不见人"的感觉，相反，如果你穿一身华美的丝绒旗袍，却提着一只塑料网袋，则会令人遗憾不已。

（7）手表。

有不少时尚人士是追表一族，对手表的要求极高。不仅对手表的新款式资讯了如指掌，自己所拥有的手表也不只一块。手表大致可以分为时装表和运动表两类，在穿着不同风格的服装时也应当考虑到手表如何得体搭配。除此之外，手表的收藏价值也不容小觑。一些为纪念特别的人物或事件推出的纪念版手表更是收藏家的最爱。

（8）袜子。

袜子的角色向来是很尴尬的，作为一个不是很显眼的装扮部件，袜子很容易被人忽视。虽然袜子总是藏在皮鞋的里面，不容易露脸，但如果在需要脱鞋的场合，让人发现你袜子上不可告人的秘密，想必那时的尴尬总会让你无处藏身。而像女士的丝袜如果勾丝破洞，总让人觉得有些不雅。因此，有品位的细节人士对袜子的角色应当有所警觉，多花点心思在袜子上吧，因为选一双质地尚好的袜子也许比选一双鞋更加实在舒服。

对于配饰，切记不可随随便便地往身上一戴就可以了。这样，不但起不到"画龙点睛"之效，反而会使你成为人们眼中的小丑。因此，为了便于搭配服装，可以将配饰分成几种风格：

（1）可爱风格。

既然要"嫩"，就要统一，糖果色配饰当然是最佳选择，可爱的图形、娇艳的颜色，粉嫩无敌。

（2）名媛风格。

珍珠材质，花朵造型都是基本款式，颜色以黑、白、自然色为主，耳环体积不宜过大，制作一定要精细。

（3）运动风格。

运动风格的装扮为了要摆脱中性的感觉，就要适当点缀一些甜美的配饰，但是又不能太娇嫩。用发带装扮马尾，用彩色项链强调女人味，休闲装扮同样适用。

（4）日系风格。

日系风格讲究个性和混搭，颜色鲜艳，材质多样。配饰要夸张、浓烈，金属色和大红、大绿等鲜明颜色必不可少。造型要简单简单再简单，这样才不会因为颜色而显得俗气。

我们可以按照以上的几种风格为自己的服装搭上合适的配饰，为自己的装扮锦上添花，从而使自己更加妩媚靓丽。

7. 培养自己的性感美

女人的性感不是风骚和卖弄，而是女人最抢眼的亮点。性感女人是最有魅力的女人。性感是套牢男人的绳索。女人的性感美反映在许多方面。时代已经进步了，女人自己应先走出关于性感的种种曲解。

谁说只有美丽、丰满、野性的女人才性感十足？最耐人寻味的性感从来都是超越视觉，成之于内而形之于外。先天之美，亦得靠后天一点一滴地经营与解放。看当代女人对于性感的新主张，自会对性感的美丽有全新的认识。

性感之所以是性感，在于它能引发一种性的吸引力。性感这事，放诸不同的女性身上，自会产生异样的效果，只是要看其发放的形式是否高明及是否有意境罢了。例如看来性感与本身就性感，引起人性冲动与引人遐想的性感，媚俗的性感与优雅的性感自然是不同的层次，另外，有不少女人误把肉感当作性感，又或太着急地表现性感，太张扬地搔首弄姿，常给人一种俗不可耐的厌恶感，殊不知，更高境界极富美感的性感，才是最诱人的"骨子里的性感"。

性感的内涵很多，其中包括女性刚醒来时的一对惺忪睡眼、喝酒后的微晕等，而这正是构成美的元素。世上并不缺少美，而是缺少发现，一些美便在不经意中悄悄溜走。

一个富性感美的女人，自会更懂得从内至外、从头到脚去发掘、释放及表达自己潜藏着的性感魅力。

那么，如何才能从内至外，从头到尾去修炼、发掘、释放及表达你潜藏着的性感魅力呢？

（1）自我触摸小动作。

新性感指数已超越视觉、身材或是暴露多少的问题，它是一种"全感官"的表达与享受。如花般灿烂的笑脸、天真或带媚态的眼波、沉溺于思考或想象时忧郁或出神的神态，乃至娇滴滴的语调都是较内敛的性感。在各式身体语言中，不经意的自我触摸，正是那叫人销魂的小动作。如不经意地咬手指、托腮；不经意把头发潇洒地向后拨；双手轻轻地捧着脸庞；无奈时耸耸肩膀；交叉双手轻抚着肩头或后颈以及把手伸到毛衣内等都是些妩媚的小动作。

（2）不妨来点异国情调。

异国情调，不一定只能吸引西方人，很多人都会被异国情调中那份不羁、野性及神秘所吸引着。你可以穿戴一点富有民族色彩的衣饰，留一头又直又长及腰的长发（不妨让它有点凌乱美）。而让自己多一些游历就更是涵养异国情调的最佳方法。

（3）感性与性感。

从来性感与感性都是相辅相成的。一个生动的感性温柔的女人，无论思考、语调、一举手一投足都更细腻和更具感染力。

（4）添一点醉意。

微微的酒醉不但为面颊添上绯红、为眼神添上份朦胧美及柔和美，亦能释放或许在日间、在办公室时锁着的性感与坦荡之美；但谨记不要饮过了"火候"。

（5）懂乐器会跳舞。

懂得乐器及跳舞的人总会流露出一份夹杂着性感的感性与温柔，而它其实比性感更诱人。其中尤以拉小提琴或大提琴，跳西班牙舞、探戈时流露的委婉或冷艳的眼神，更具杀伤力。

（6）呢喃软语绕耳边。

法国人之所以被誉为最佳性感的民族，正是因为法国人表达时充满感性及跌宕有致，而法语像一种呢喃软语，在适当地方停顿，加强节奏感，并借韵律美带领聆听者漫游于你的思维里。

（7）沉浸无边思海中。

很多人虽其貌不扬，但一旦沉浸在无边的"思海"中，脸上自会不经易间多了一份韵味。那些把眼神抛得远远的、努着嘴或微微侧着脸、托着腮的表情就更惹人多望一眼。

（8）阳光肤色。

凝肌胜雪的肤色固然如树上的新鲜桃子，叫人垂涎，但一身阳光肤色配上纤巧合度的身型，何尝不能散发野性的性感？

（9）保持一颗童心。

让内心有孩子般的好奇、天真与热情，就会在眼神里流露夹杂着纯真及孩子气的另类性感。事实上，玛莉莲·梦露本身很孩子气及有张孩子脸，再配合其魔鬼般的身材，凑在一起便是玛莉莲·梦露式的性感。

（10）保留性感小痣。

若你的脸上出现小痣，请不要脱之而后快。在适当位置，如耳垂、唇边附近（尤其是上唇右边）与眼角附近的小痣都可以是"美人痣"哩！说来奇怪，被认为是性感的人，这些部位有颗小痣，以致看来更加性感。

（11）率性而为。

除非你天生冷艳或清高，否则，不敢或不愿外露真我个性，凡事抱不冷不热、温吞姿态，又处处约束着情感的女人，大概性感极有限。而敢爱敢恨、想笑就笑、想哭就放声大哭，对生命充满热情与敏锐，本身就是一团火焰，即使不叫人欲火焚身，也叫人心痒难熬。

（12）神秘感。

据性心理学家研究，男人心目中的性感，除了发自女性的重要性征，如富有自信心；懂幽默、爱浪漫；喜欢刺激及冒险外，原来还有一些比较虚无抽象的元素，其中神秘感就是另一个性感元素。

在你喜欢的男人面前，当你述说个人身世、流露个人情感时，请记住，别一五一十如数家珍般地尽诉心中情。只说七成，留三成让对方揣摩与想象，留有余地也是玩"神秘感"的一种技巧！总之，就是不要完全满足对方的好奇心。

（13）适时流露懒态。

在古代女性宽衣解带时的专注与缓慢，眼神流盼的释然，说话时的快慢有致，足以构成一种性感的风情。说话或举动上已变得"急惊风"或"神经兮兮"的你，不妨学习及欣赏缓慢、懒态所发出的微妙美态与性感吧！

（14）露要有意境地露。

以暴露来达到性感实在是一门微妙的艺术。大原则之一是若隐若现，之二是选择性，若你有漂亮的肚脐、小蛮腰、骨感的肩膀、细长的脖颈，那便无妨让它们露一露，也可营造意想不到的意境。

（15）穿高跟凉鞋。

女性的脚踝及脚部早已被性学专家认为是重要的性征。而凉鞋及高跟鞋向来就是女性用以张扬腿部性感的武器。男性喜欢凝望女性穿着凉鞋时裸露的脚踝、穿高跟鞋时更婀娜的姿态，这些已是女性不甚介意的公开偷窥行为。

（16）牛仔裤贴身穿。

从来，十居其九的牛仔裤广告都是取突出性感为亮气，可见牛仔裤对经营性感的能力。除了卖牛仔裤的模特本身，牛仔裤广告经常投射的不羁与我行与我素的形象，其实某程度跟性感都有份微妙的关系。

性感不是暴露，它是一种有分寸的美丽，性感的女人应该是优雅的、随意的。如花灿烂的笑靥、天真或略带媚态的眼波，沉浸于思索或想象时忧郁的神情，清细半软的语调，都是性感之美。

一个女人要显现性感的一面，必须靠努力方能达成，同时了解男性心目中的性感与女性自认的性感是有差距的。所以想成为性感的女人，首先要了解男人的看法，然后发挥自己所长，以期能够毫不做作地自然流露，培养真正属于自己的性感。

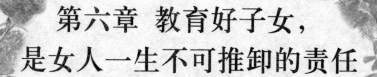

第六章 教育好子女，
是女人一生不可推卸的责任

　　孕育生命在每个女人的一生中是必不可少的责任。一般来讲，母亲与子女接触的时间最长，因此对孩子将来的成功有着至关重要的影响。但家庭教育对于每位母亲来说并不轻松，它实际上是一门很高深的艺术。因此，作为女人，非常有必要对这一神圣又美丽的生命历程做一番认真理解，并在教育孩子的过程中，科学地引导孩子成为自己理想中的人中之龙、人中之凤！

1. 呵护好自己的孩子

孩子是父母的全部寄托和希望，孩子代表着一个家庭的未来。有很多夫妻在还没有成为父母的时候就羡慕别人能够有自己的孩子，一旦自己有了孩子，也会欢天喜地。但是在欢喜之后，父母必须考虑另一个问题：现在大多数家庭都只有一个小孩，而随着年龄的增长，孩子也会慢慢地形成自己的世界观、价值观。

然而，我们经常看到媒体不断报道的未成年人自残和犯罪的事实，为什么这些孩子会变成那样，变得如此冷漠无情而不懂得珍惜生命呢？当我们追根溯源时，就会发现，他们的行为往往和早期伤害有关。

哈佛心理学教授认为，亲子关系是家庭关系中最为稳固的关系。因为它具有不可解除性，现代夫妻关系的稳定性已经变得越来越脆弱。但是，亲子关系因其血缘关系而不可替代。同时，亲子关系一经产生，就具有永久性，这是任何外力也无法改变的。如果父母不能正确地教导孩子，亲子关系处理不好，会带来极为严重的后果。

父母对孩子采取什么样的态度对其以后的人生将产生非常重大的影响。很多事例都证明，孩子的道德品质与家庭的教育有直接关系，人的许多重要的品质，如同情心、自尊心、独立性等，在许多方面都取决于父母与子女良好的平等的关系。如果父母与子女之间缺乏爱的关系，缺少平等，则常常导致孩子心智发育不全。

每个父母都会爱自己的孩子，但爱是一门需要学习的艺术。仅以本能的爱去对待孩子，那样的教育方式已经落后了，正是在这种互相之间不平等的情况下，父母们常常用错误的思想观念管教孩子，结果却适得其反。有的以爱的名义虐待孩子，有的用爱的理由娇惯孩子……这些不平等的做法会让孩子产生逆反或者贪图享乐的心理，对他们的将来产生非常不利的影响。

由此可见，对孩子的教育既是一件大事，也是一件难事，大多数家庭都只有一个小孩，很多人都没有培养小孩的经验，不知道要怎样做才能让孩子健康快乐地成长。

有一个智慧的母亲讲述了自己的故事：

那天是我休假在家的日子，吃过早饭我带儿子去逛超市。当经过玩具柜台时，儿子盯着"挖土机"不肯离开。他从小到大都很喜欢车子，大大小小的玩具车占据了半个储藏室。由于前段时间他爸爸刚刚给他买了个玩具"挖土机"，所以我没同意再买。他一听哭着央求我，气急之下我就对着他的屁股一顿猛揍。

也许是火头上出手太狠，小小的屁股上纵横交差着十几道血痕。超市里几十双眼睛朝我们投来，有同情的、有责备的、有不解的。我立马意识到了自己的失态，自己的可憎。正当我陷入深深的自责时，一个声音向我传来：

"把孩子当朋友，年轻人。"我扭过头去，只看到了一个高大的背影。

儿子哽咽着哭了半个多小时，并且说买玩具是送给我的生日礼物。顿时，我无语。

后来，我一直在反省自己。我和儿子相互承认了错误。从此以后，我开始尝试着改变自己。当孩子犯错时，我把孩子当朋友，这样就使得我和儿子之间建立起了相互尊重的平台。节假日我们一起玩"石头、剪刀、布"的游戏，一起去湖边赤脚堆沙，一起在晨光中朗诗颂词。陪着孩子一起在玩中学、在学中玩。这样不仅丰富了孩子的知识面，拓宽了孩子的视野，而且开发了孩子的智力，提升了孩子学习的兴趣，孩子也变得更加活泼开朗、自信满满。

这位母亲为什么能够博得孩子的欢心呢？原来，是她在意识到自己的错误后能够及时地反省自己，并且能够谦虚地放下做家长的架子，和自己的孩子交朋友。

其实，与孩子做朋友并不是一件非常困难的事情，最主要的一点是找时间陪孩子说说话。但是，这在现代社会听起来几乎有些不可能。这是一个经济快速发展的时代，更是一个竞争激烈的时代。几乎每个人都在与时间赛跑，忙着拼命挣钱，忙着追名逐利，忙着酒肉应酬。为了跟上时代的步伐，所有的人都在奔跑，分秒必争。他们确实赚了大把大把的金钱，但同时也忽视了一件非常重要的事情，就是与孩子一起学习，一起活动。没有共同的时间，就无法和自己的孩子交流沟通，就无法知道孩子的内心想法，无法了解孩子的心理需求，也无法随时为孩子指明前进的方向。

所以，聪明的父母都应该从繁忙的工作中抽出一部分时间来和自己的孩子相处。有了共同时间，亲子之间才有可能相互沟通、相互倾听、相互理解、共同学习、共同活动，父母才能更好地与孩子相处，才能更好地教育孩子。

心理专家和育儿专家认为：父母对于孩子身心成长的意义比人们想象的重要得多。如果父母能更多地参与对孩子的培育，对孩子也是一种更持久的幸福。

不可否认的是，夫妻在教育孩子的问题上，有时会出现某些意见不统一的情况，并且经常缺乏沟通，没有一致明确的态度，形成"唱反调"的场面。一个唱白脸，另一个唱红脸；一个说错，另一个说对；一个要打，另一个要护；一个批评不是，另一个表扬长处。夫妻俩各据各的理，互不服气，结果引发争吵和矛盾，伤害对方感情，破坏家庭和睦，并使孩子在父母之间处于游离状态，无法接受有效教育。具体表现为：使孩子无从判断究竟该听谁的；使孩子犯了错还觉得理所当然，缺点和毛病永难剔除；使孩子变得乖戾，缺乏健康的人格和心理素质。因此，这种做法对孩子是极其有害的，应当坚决避免。夫妻之间应该增加信任，减少对立，在面对孩子时步调一致，一体同心。

那么，夫妻该如何面对孩子的教育呢？

不要把孩子当挡箭牌。当教育孩子意见相左，产生分歧时一定要相互容忍，保持冷静。许多不明智的夫妻往往互不相让，相互争吵，甚至大动干戈，给孩子造成了严重的负面影响。

夫妻俩应该平心静气，对各种分歧产生的原因进行明确的分析。有的分歧是关于孩子的，有的分歧则可能与孩子毫无关系。当夫妻俩总是为同一个问题而争吵时，其根源多半不在孩子身上，而在夫妻关系上。另外，在夫妻的冲突、争论中，千万不要把孩子当成马前卒或者挡箭牌。

协商管理。夫妻双方在对待孩子方面，出现不一致甚至是截然相反的态度是不可避免的。重要的是夫妻间应该找出一些时间在一起沟通，交换一下对孩子的看法，包括对孩子的评价以及对孩子的一些偏见，从而达成共识，从孩子的实际情况出发，商量讨论后选取切合实际的方法。

在互换看法时，不仅要看到孩子的缺点和不足，更应看到孩子的优点和长处；不仅要看到孩子落后的一面，更要看到孩子的进步。夫妻俩要从分享孩子进步的喜悦中更好地调整双方的态度和方式，从而更好地促进孩子的成长。

2. 为孩子喝彩，真的很重要

有这样一个有趣的实验：

将一只跳蚤放进杯子里，跳蚤一下就能从杯中跳出来。然后，心理学家在杯子上盖上一个透明盖，跳蚤仍会往上跳，但碰到几次透明盖后，碰疼了，慢慢地就不跳那么高了。过了一段时间，将透明盖拿走，发现那只跳蚤仍旧只能跳那么高，它已经永远跳不出那个杯子了。

在对孩子的教育过程中，孩子就好比是那个杯中的跳蚤，家长的负面教育就像杯子上的透明盖，限制了孩子的成长和潜能的发挥。假如家长长期对孩子采取负面教育的方式，孩子很容易对自己丧失信心，再也没有勇气跳出那只"杯子"了。因此，一般来说成人对孩子进行教育时，正面教育要大于80%，负面教育则必须小于20%。这还要由孩子的性格确定，对那些敏感内向的孩子，负面教育的比例还应更小。

有些父母虽然一肚子的学问，可在家庭教育方面却显得十分"贫穷"。做家长是一门职业，教育孩子是一门学问。

牛琳，被孩子们称为"知心妈妈"，是中央电视台少儿频道"成长在线"的特邀嘉宾。她是北京师范大学发展心理、人力资源开发与管理学博士。她也是一位成功的母亲，儿子17岁时以当地高考第一名的好成绩考入清华大学，如今正在攻读博士学位。

牛琳的教子方法如下，可供借鉴：

牛琳语录1：打开孩子的心灵有个秘诀，当你说他"棒"的时候，他就"棒"给你看；当你说他"笨"的时候，他就"笨"给你看。

家长对孩子的表扬或者批评往往会成为孩子们的一种自我评价，甚至会给他们的行为带来指向性。所以，不是聪明的孩子被表扬，而是表扬能使孩子聪明；不是蠢笨的孩子被指责，而是指责能使孩子蠢笨。

牛琳语录2：赏识你的孩子，从每一件小事做起，不要用负面的话语。

"成功箱"是牛琳教育方法中一件独特的法宝，这件法宝的功效在她自己儿子的身上就得到很好的应验。在儿子还很小的时候，牛琳就给儿子准备了一个"成功箱"，用它来装进孩子点点滴滴的成就和进步。成功箱里的第一件东西是儿子 1 岁时画的一幅画，画面上一根歪歪扭扭的直线和几个不规则的圆圈，那是一串冰糖葫芦。曾有人问牛琳："这也能算成就吗？这冰糖葫芦还没串在一起。"牛琳自豪地回答："1 岁的孩子就知道冰糖葫芦是由棍跟圈组成的，就已经很棒了。"儿子上幼儿园了，牛琳又为他制作了一个成功表，儿子的每一个进步都用象征性的东西贴上去。

"成功箱"其实就是一个象征，它可以让孩子真切地体会到，自己的每一点哪怕是极其微小的进步都可以得到父母的关注和肯定，这对于孩子来说就是一种莫大的鼓励与认同。

牛琳语录3：不是孩子没有优点，而是一些家长没有眼光发现孩子的优点。

从儿子很小的时候开始，牛琳逢人便夸奖自己的孩子："我儿子特别听话，从来不惹我生气。"当着孩子的面，牛琳更是毫不吝啬赞美的话语。有朋友到家里做客时，牛琳会说："你看我的儿子，回家总是先写作业，从来不到处去玩。"客人越多，牛琳越这样说。在牛琳经常有意无意地夸奖下，儿子越来越自觉，果然如牛琳所期望的那样，一直都很听话、懂事，很少惹她生气。

牛琳语录4：告诉孩子，你是最棒的！告诉孩子棒在哪里。仅仅告诉孩子"你很棒"还是不够的，还要让孩子知道自己棒在哪里。

表扬是有公式的：表扬＝陈述事实＋确认事实的可贵性＋表达感受＋表达期望＋身体接触。对男孩子可以拍拍他的肩，对女孩子可以摸摸她的头发。

繁体的"爱"字是由"心"和"受"组成的，这说明，爱是一种心里的感受。爱，不是由给予的人说了算，而是应该由接受的人说了算。心理学家曾做过一个调查，100％的父母认为自己是爱孩子的，却只有50％的孩子认为父母是爱自己的，他们说，我们的父母爱"打麻将""挣钱""爱他的面子，想让我考得好为他们争光。"

为什么有些家长的爱，孩子感受不到？因为这些家长不会爱。

爱是一门学问。

小时候，孩子追着大人问："这是什么啊，为什么啊？"家长回答："现在你不懂，长大就会懂了。"现在是家长问孩子："这是什么啊？"孩子不屑地回答："这个你不懂，说了你也不懂。""代沟"产生了。

"代沟"是什么？那就是，你想让孩子进入你的世界，孩子不来；你想进入孩子的世界，孩子不让。家长常抱怨"我的孩子越来越不听话了。"这是不是因为你说的话越来越不中听了呢？所以，要想让你的孩子听话，首先你要和孩子进入一个频道，这样才能对话。

一次数学考试中，一年级学生芸芸和兰兰都得了98分。放学回家后，两人都高高兴兴地把这个消息告诉了自己的妈妈。

芸芸妈妈正在炒菜，听完后头也没回，心不在焉地问："你们班有几个人考了100分？"芸芸愣了一下，小声说："4个。""那你还高兴什么呀？下次要考100分，知道吗？"芸芸妈妈提高了声调。"知道了。"芸芸应声，垂头丧气地悄悄走出厨房。

兰兰的妈妈当时也正在做饭。听了女儿的汇报后，她赶紧放下手里的活，转过身惊讶地问："你说什么？"兰兰似乎被吓了一跳，怯怯地说："我数学考了98分。"兰兰的妈妈笑得特别灿烂，开心地说："兰兰，你真棒，真优秀，刚上一年级就考得这么好。妈妈今晚加几个菜庆祝一下。""我们班有四个同学考了100分呢，我下次也一定要考100分。"兰兰信心十足地向妈妈保证。

这两个家长的差别在哪里？同样是"下次要考100分"，芸芸是在妈妈的呵斥声中心不甘情不愿地答应的，兰兰则是在妈妈的赞赏下主动地产生了这样的动力和愿望。很明显，在这两种不同的情况下，孩子的学习主动性、学习态度、心理状态以及最后达成的结果都会相去甚远。这个案例说明了激励孩子主动性的重要意义。

现在的孩子有"三大三小"：生活的空间越来越大，生长的空间越来越小；住房的面积越来越大，心灵的容积越来越小；学习的压力越来越大，学习的动力越来越小。孩子普遍缺失成就感。对孩子来说最重要的是兴趣和他的成就感，在学习中如果能够有成就感，那他对学习就永远保持一种兴趣，把学习当成自己的事，很愿意学，考试很有感觉，这个孩子就是积极向上的。

3. 开发孩子独立思考的能力

思考好比播种，行动好比果实，播种越勤，收获也就越丰厚。一个善于独立思考的孩子，才能品尝到琼浆玉露，享受到大地赐予的丰收喜悦。正如伟大的物理学家爱因斯坦所说："不下决心培养思考习惯的人，便失去了生活的最大乐趣。"因此，父母培养孩子独立思考的习惯，循序渐进地引导孩子观察世界，学会想象，富有创造力。这一点，我国古代的司马光的妈妈——聂氏，给我们做了很好的榜样。

司马光，是我国历史上著名的政治家和大历史学家，世称涑水先生，其父司马池是一位仙风道骨的知识分子，虽家藏万金，却专心读书，锐意进取，曾长期任掌管皇家藏书阁的三司副使。司马光的母亲聂氏是一位知书达理、才德俱佳的女子，她像其他母亲一样具有一颗慈爱之心，但又教导有方。在严父慈母的直接影响和教育下，司马光成长为宋代宰相。

司马光6岁开始读书，由于父亲忙于公务，母亲便承担起儿子的启蒙教育。司马光是个急脾气，读书学习常常只图进度而不求甚解，比如一篇文章连读几遍也不能牢记在心。常常是同窗们都背课文了，可他心中却了无痕迹。小小的司马光为此事非常烦恼，总觉得自己是个不聪明的孩子。

母亲聂氏知道了儿子读书的毛病，耐心地劝导他说，学习，一是不可急于求成，尤其是启蒙阶段应打好牢固的基础；二是要有自信和耐性，不可抱怨和泄气，这也是做人的道理。父亲也告诉他：读书不能只是机械地背诵，还要勤于思考，弄懂意思，诵读与理解并重。

为了培养自己的耐心，司马光在别人游戏的时候，一个人找个清静的地方心无旁骛地苦苦攻读，直到能在母亲面前把书全部背诵下来才去玩。

母亲看到儿子对读书越来越有兴趣，便着手循序渐进地加深课文的内容，并有意识地开发孩子独立思维的能力。司马光7岁时不仅能够绘声绘色地讲解《左氏春秋》，而且能自编故事逗母亲开心。

有一次司马光和一群小同伴在庭院玩耍，一个同伴不慎掉进一只大水瓮中，其他的孩子吓得不知如何是好，慌忙逃走，而司马光在水瓮外转了几圈突然想到一个办法，他捧起路边的一块石头砸开了水瓮，水流出来，同伴也得救了。小司马光这个机智的表现后来被画工绘成《小儿击瓮图》在汴梁张贴。

那现代父母应怎样培养孩子的独立思考的能力呢？

（1）让孩子长一双"火眼金睛"。

巴甫洛夫说："观察，观察，再观察。"培养孩子独立思考的习惯，必须首先培养孩子的观察力。方法有以下几种：

对比观察。比较是一个鉴别的过程，只有通过比较才能提高孩子的观察能力。比如，让孩子观察其他孩子的绘画作品，并同自己的作品进行比较，肯定好的，指出不足。

反复观察。对于某一个动作可让孩子进行反复观察，如植物的生长。让孩子认识一个事物发展的全部过程，建立一个完整的概念，使孩子养成按顺序观察的好习惯。

重点观察。在事物完整的发展过程中，必定有一个环节是主要的。如植物生长是其从生到死过程中的最主要环节，这个环节是重点观察的对象。这些训练对培养孩子抓主要问题，抓中心环节，掌握大局都有好处。

定位观察。让孩子通过定位观察来培养兴趣，如引导孩子读书，父母可以给孩子做示范，让孩子从正面反复观察，还可以让孩子从不同的角度观察，这种方法能引导孩子对读书产生更大的兴趣。在培养孩子观察方向的同时，还应引导孩子在观察中积极思考，把观察过程和思考结合起来。

（2）让孩子长一对想象的翅膀。

爱因斯坦说："想象力比知识更重要。因为知识是有限的，而想象力概括着世界上的一切，推动着进步，而且是知识进化的源泉。"因此，培养孩子的想象力至关重要。方法如下：

多让孩子参加有创造性的游戏。游戏是孩子的主要活动，父母可以在孩子游戏时鼓励他们自己提出游戏的主题和内容，如果形成了习惯，孩子的想象能力就会迅速提高。

让孩子多接触图画。父母应多带孩子观察大自然和多看有知识趣味的图片，这些是孩子展开想象的立足点。在此基础上教孩子画画，鼓励其把头脑中想象的东西画出来。开始时父母可以先画一些基本线条，告诉孩子要画什么，再让孩子根据自己的想象把画画完。总之，孩子想画什么，你就让他画什么，这样才能让孩子有广阔的想象空间。

多给孩子讲一些童话故事。童话故事适合孩子想象的特点，经常听童话故事的孩子其想象能力比不听、少听童话故事的孩子丰富得多。最重要的是父母讲完后，让孩子马上复述。孩子可能在复述中添枝加叶，不过只要不违背大意，父母就应该多鼓励，而不应该泼冷水，以免挫伤孩子想象的积极性。

（3）给孩子一片可以"破坏"的天空。

发明家爱迪生曾经说过，善于创造的人，往往具有一个奔驰的脑筋。给孩子一片可以"破坏"的天空，孩子"破坏"去的只是可估量的价值，而得到的却是其一生受用不尽的财富：思考、创造和智慧。那如何培养孩子的创造力？

发散。多提一物多用的问题，如"请你说出铅笔有哪些用途？"说出的用途越多，说明孩子的思考能力越强。孩子每讲一种新用途，都要加以鼓励，表示赞赏。说错了，也不要嘲笑或批评。

应变。给孩子一个思考方法，孩子一旦掌握了思考方法，会终身受益。当一种方法不能解决问题时，要启发孩子改变方法，从多种角度想问题。

启发。父母总希望自己的孩子聪明伶俐，这就要利用一些零星的时间，来启发孩子的求知欲。在孩子对某一事物产生兴趣时，父母就应该抓住时机，启发他们仔细观察，并且适当地讲解一些有关知识，这种启发可以随时随地进行。

换位。要培养孩子努力从不同的观点看问题。孩子虽小，但他们在父母的指导下，完全可以培养出这种思考能力，从而，扩大视野，深化认识。

设疑。向孩子提一些难题，促使他们想办法自己解决，如"万一在商场里走失了，你怎么办？"

分类。让孩子把具有某些相同特征的事物归成一类。分类时要明确不同的分类标准，如，三角形按边是否相等可分为等边三角形、不等边三角形；如果按照角的大小可分为锐角三角形、钝角三角形、直角三角形。

归纳。启发孩子找出一类事物的共同之处。例如从男人、女人、成年人、儿童、白种人、黑种人中归纳他们都属于"人"等。

（4）给孩子创造一个思考的环境。

首先要创造一个思考的氛围。这对孩子形成独特的个性，表现有创新意识的思维、举动很重要。父母不能因为孩子小，需要成人照顾而把他看成是成人的附属品，要受成人支配。孩子也是一个完整、独立的个体，应该允许他有自己的世界，有自己的空间。

其次要让孩子学会独立思考。父母在与孩子相处与交谈中，要经常以商量的口气，进行讨论式的协商，留给孩子自己思考的余地，要给孩子提出自己想法的机会。父母可根据交谈内容经常发问，如："这两者有什么关系？""你觉得怎么做会更好？""你的想法有什么根据？"等问题，以引起孩子的思考。

最后要给孩子一个独立思考的机会。当孩子脑中有疑问时，他们便开始一连串地问："为什么？"父母亲如果正确引导，不压抑他的好奇心，孩子的求知欲必定会越来越旺，因为孩子的好奇心正是探究新奇事物的开始。

4. 鼓励孩子自立，关爱而不溺爱

　　家庭对孩子一生的成长是至关重要的。家庭，是社会的基本细胞，是孩子人生的第一所学校，家长是孩子最重要的启蒙老师。父母与孩子朝夕相处，接触的时间和机会也最多，父母的言行每时每刻都在影响着孩子，父母的教诲引导孩子从小走到大，对孩子今后的成功同样具有重大而深远的意义。家庭教育作为孩子通向社会的第一座桥梁，对孩子个性品质的形成，以及健康成长起着重要的作用。若家庭教育失当，这些独生子女容易出现以下一些心理偏异。

　　（1）父母的娇宠溺爱，容易使孩子变得自私，遇事先考虑自己的利益得失，从不为他人着想。

　　（2）长辈们对"独苗苗"百般爱护，不愿约束孩子。致使孩子在家庭结构中，不尊重长辈，而是唯我独尊，走向社会也不懂得如何尊重别人。

　　（3）独生子女没有兄弟姐妹为伴，既不易养成与人协同合作的精神，又缺少竞争性，所以导致社会适应能力差，容易形成孤僻的个性倾向。

　　（4）在家里，许多本该独生子女自理的工作都由父母代劳，这样容易使他们养成依赖性，而缺少劳动自觉性，长此以往，自主精神和能力都很差。

　　（5）家长望子成龙、望女成凤心情急切，利用孩子的休息时间，花费大量金钱请家庭教师，帮助孩子学习琴棋书画，没完没了。这样必然占用孩子应有的游戏时间，势必会促使孩子产生厌学情绪。

有这样一个故事：

夏天，一只小猴子在树上跳来跳去，突然它发现了一个鸟窝。小猴子无比兴奋，伸手就去抓。那些会飞的小鸟受到惊吓都逃走了，只有一只最小的鸟还在窝里。小猴子乐得欢蹦乱跳。它捉住小鸟，把它带回家去。

可怜的小鸟是那么的娇小。小猴不断地抚摸、亲吻，把它紧紧地抱在胸前。"多么可爱的小鸟啊！我是多么地爱你！"小猴子忘乎所以地喊道。

在下面的岁月里，小鸟饿了，小猴子给它找食物；天寒了，小猴子给它筑巢；在一个地方待烦了，小猴子还会带着它到各处去玩。

慢慢地，小鸟长大了，小猴子也老了，不能动了。猴子希望鸟儿能叼来食物给自己吃，可是习惯了被悉心照顾的鸟儿觉得这只猴子变心了，不喜欢自己了，于是就飞走了。

孩子成长的道路上，存在着一个非常温柔的陷阱，就是那些过分庇护孩子的父母亲手挖掘的。掉进陷阱里的孩子，由于被剥夺了犯错误和改正错误的机会，从而也失去了长大成人的机会。而且正是因为父母的这份溺爱，使得孩子有了"依赖"的种种借口，他们在这份依赖之下，衣来伸手，饭来张口，甚至霸道，不近人情，或者自我封闭。

其实，孩子生活自理能力的积极性是很高的，让孩子扫地、叠被、缝纽扣、洗碗、买菜、洗衣服、烧菜、做饭等，经学习锻炼后都能习惯并胜任。这样做既符合孩子日益增长的独立自主的心理，也培养了他们的劳动习惯，训练了他们为家庭尽责，为他人服务的责任感。所以，大人应该放手让孩子学会独立生活，不要心疼他们摔跤碰壁。另一方面，孩子在培养生活自理能力的同时，也能够更快地提高学习能力，磨砺意志，陶冶情操，对他们的成长和发展都有好处。否则，孩子长大了，面对生活的挑战会束手无策。

溺爱将造成孩子的抗挫折力低下，导致"蛋壳效应"。在溺爱下长大的孩子，对失败、挫折、意外打击的心理承受力很差。这种人外表上个性十足，但内心意志脆弱，不堪一击，就像一个外形完整的蛋壳，只要轻轻一捏就成了碎片。他们一离开父母的保护，就难以适应艰难的环境，稍受挫折就支撑不住。

所以说，明智的父母不会为孩子扫平一切障碍，而是帮助孩子，让他自己去克服困难、历练成长，并将困难变为生命中的光环，让孩子不仅成为生活的强者，更成为生活的智者。

5. 消除孩子的逆反心理

逆反心理指个体用相反的态度与行为来对外界的劝导做出

反应的现象。

逆反心理是一种心理抗拒反应，是个体适应环境的一种正常的心理机能。典型的逆反心理有三种：超限逆反、自我价值保护逆反和禁果逆反。

许多父母都有这样的体会：原本乖巧可爱的孩子一到十五六岁，总爱和父母对着干，家长的话一句也听不进去，有什么事宁可憋着也不跟父母说，这种状况一持续就是两三年。有些孩子表现为明目张胆，有些孩子表现为消极对抗，不少父母悲哀地发现，亲生骨肉在和自己作对。心理分析学家把这段专爱和家长、老师作对的青少年时期称为逆反期。

逆反期是一个人从儿童到成人过渡的关键时期。不可否认，逆反心理可能有积极的正效应。逆反心理的思维方式实际上是逆向思维，科学研究表明，逆向思维是符合科学思维规律的，曾在科学史上起过积极推动科学向前发展的作用。对于中学生来说，积极的逆反心理和逆向思维是创造性教育过程中最为宝贵的因素，它极有可能过渡转化为创造性思维，推动中学生在司空见惯的许多现象中发现新问题，创造新知识。逆反心理更具有负面效应，如果不加以正确引导，会导致青少年对人对事产生多疑、偏执、冷漠、不合群、对抗社会等病态性格，使之信念动摇、理想泯灭、意志衰退、工作消极、学习被动、生活萎靡等，进一步发展还可能向犯罪心理和病态心理转化。

小王今年16岁，是某学校的高一新生，最近他与老师的矛盾有些激化。初三时他花了很多时间在学习上，结果考得不错，进了重点高中。只是因为刚进高一想稍微休息放松一下，所以目前成绩有些退步。但他觉得老师对他一直心存偏见，并认为与他当前的成绩不无关系。

小王自认为是一个比较直爽的人，如果觉得谁说得不对或者没道理就会提意见，否则憋在心里很难受。一次课上，老师让他们背诵历史年表，他就想：这些东西一查书就知道了，把它们全部背下来，不是很傻吗？小王跟老师表达了想法，老师坚持说他在故意捣乱，老师越是这样说，小王就越要跟老师争辩一下，何况他认为同学们也很支持他。因为此事，班主任没少跟他谈话，他几乎天天都要在老师办公室里待上一段时间……

回到家后，母亲把小王叫到跟前，狠狠地教训了一顿，说是老师向他反映了情况。小王一听就火了："妈妈，你怎么那么多事啊？你别管这事了，我并不是老师所说的那样，他只是看我不顺眼，故意找我的茬儿！"母亲一听小王的话，一看小王的态度，很生气……

在这个案例中，小王非常迷信权威，只顾自己的痛快，没有考虑过尊重其他同学上课的权利，没有考虑过老师的苦心，也没有照顾到母亲的感受。而从心理学的角度而言，小王表现出来的是典型的逆反心理。

其形成原因表现在两个方面：从主观而言，青少年正处于"过渡期"，其独立意识日益增强，迫切希望摆脱成人的监护。他们反感成人把自己当"小孩"，为表现自己的能力，就对任何事物倾向于持批判态度；从客观方面而言，教育者的可信任度、教育手段、方法、地点的不适当，也往往会导致青少年产生逆反心理。

　　然而在现实生活中，青少年的逆反心理会带来很大的负面效应，那么如何消除逆反心理造成的负面效应呢？

　　（1）现代家长应认识到，逆反心理是孩子自我意识、独立意识增强的一种表现。作为一种好奇心、探索欲、独立意识，适当的"逆反"还是一种好的心理品质。但是，不适当的、过分强烈的或是扭曲的逆反心理，却是有害的。

　　（2）学会用新的办法管教孩子。随着孩子进入青春期这个人生的特殊年龄阶段，家庭关系也必须做出相应的调整，改变以往那种由家长决定一切、孩子只是服从的局面；家长需要多从孩子角度考虑问题，努力与青春期的孩子建立一种平等、相互尊重的关系，而这种关系的建立需要相互理解为基础，以沟通为保障。交谈是可以使双方互相沟通的，只有沟通了才能相互理解。但是，交谈必须建立在双方平等的基础上，您可以以朋友的身份与孩子"平行交谈"。家长用"平行交谈"的方式跟青春期的子女谈话，往往能引起热烈回应。"平行交谈"其意思是家长与子女一面一起做些普通活动，一面交谈，重点放在活动上，而不是谈话的内容，双方也不必互相看着对方。这种非面对面的谈话方式会让家长和孩子都感到轻松自在。家长与孩子的谈话内容，最好是多谈一些如何学会求知识，学会做事，学会共处，学会做人等。在交谈中，还要注意从事情到关系、从事情到感情、从一般到特殊等原则，从而使孩子与家长之间什么话都交谈。

　　（3）营造聆听气氛，做孩子的顾问。家长要设法让孩子觉得那样做是很自然的。其诀窍就是让家里时时刻刻都有一种

"聆听的气氛"。这样，孩子一旦遇上重要事情，就会来找家长商谈。要达到这个目的，其中一个好方法就是经常抽空陪伴孩子。如利用共聚晚餐的机会，留心听孩子说话，让孩子觉得自己受重视。学会做孩子的顾问。由于家长提出的意见，即使是好意见，"新新人类"孩子大都不喜欢听。因此，家长应做孩子的顾问、盟友，而不要做经理人。顾问只细心聆听，协助抉择，而不插手干预，仅建议改弦更张。

第四，让孩子有自己的空间。"新新人类"孩子需要感到自己的生活并非完全受家长控制，所以，家长要让孩子有自己的空间，家长尤其不可擅入他们的房间，偷看日记或偷听电话等。

6. 鼓励比批评更重要

俗话说"良言一句三冬暖，恶语伤人六月寒。"一句真诚的话语会给人力量，一句坦诚的表扬会催人奋进。

教育孩子需要极大的耐心和技巧，如何把握孩子的心理是关键，在家长面前，孩子更愿意听到一些表扬、鼓励的话语，而不是批评，从家长那里获得的肯定，是小孩最好的强心剂，可以使他们建立自信、巩固自信，去争取更大的进步。在教育方法上，鼓励比批评更重要。

苏女士的女儿晓莹，以语文、数学、英语三门课平均九十多分的成绩考入某市重点中学，还曾被评为区"十佳优秀少年""市优秀少先队员""少年报优秀小记者"，还获得过电脑、绘画等方面的许多奖项。这样一位优秀的女孩，却是一个先天耳音失聪的残疾儿，是她妈妈苏女士运用周弘老师的"赏识教育法"，把她培养成才的。提起女儿的教育，苏女士心中有说不尽的苦辣酸甜。

女儿两岁时还不会说话，听到震耳欲聋的鞭炮声都没反应，带她去医院一检查，发现她的原始听力为98分贝（100分贝就是全聋），这才知道孩子是耳音先天失聪。无奈之下，苏女士把孩子送进了聋哑康复中心去训练，到孩子5岁多时效果也不明显。怎么办？真是有点绝望了。就在这个时候，周弘老师来广州做报告，讲他怎样用赏识教育法培养他失聪的女儿周婷婷，苏女士受到很大的震动，她发誓一定要把孩子培养成周婷婷那样的成功者。

女儿该上学了，苏女士没有把她送进聋哑学校，而是满怀信心地把她送进了普通小学，这是一个有着70多年历史的名校。开始校长不收，苏女士很诚恳地跟校长讲："给我女儿一个机会吧，如果她跟不上，我随时把她带走。"

女儿进了学校后，尽管老师和同学都对她很好，可她的自卑感还是很快就表现了出来。女儿主要是靠看口型来"听"人说话的，这样听课就很困难，结果拼音考试不及格，她上学的信心又动摇了。家长心里都很难过，流着泪把她带到了聋哑学校，跟她讲，你不用心学，就要进聋哑学校，像这里的孩子一样学打手语。女儿哭了，她说她不学打手语，她要和正常的孩子一样说话。女儿从那以后，就特别用心学习，上二年级时，她居然考了全年级唯一一个语文100分。

女儿"听"不行，家长就努力培养她写作方面的能力。但起初，女儿写作文总是不理想，家长就鼓励她给表姐、姨妈等亲戚写信，然后请求亲戚们把她信中的病句、错字改出来后，再寄回给她。从一年级到三年级，家长一直陪她写作文。老师布置的作文题，她写一篇家长也写一篇，然后让她挑，挑中家长写的，就让她重抄一遍交上去（私下里告诉老师）。这样就刺激了她的好胜心，写作水平提高很快，作文常被贴出来或在班上朗读，还不时发表在《中国少年报》上。这些成就使她觉得自己写作方面比别人强，很自豪。

生活在无声世界里的孩子最怕接触社会、与人交往，家长就在这方面多锻炼她。最初是让她去买报纸，第一次去买报纸，她有点胆怯，拿了5毛钱，站在那儿半天不吭声，可当她鼓足勇气，买回来一份报纸时特别高兴，家长便使劲儿夸她！后来家长又鼓励她和同学一起去逛街，买东西。家人一起去酒楼喝茶时，也让她去点茶点。家长经常让她和她的堂哥、表妹在一起玩、聊天。鼓励她参加溜旱冰、打篮球、打乒乓球等体育活动。这样不光是锻炼了能力，关键是增强了她的自信心，让她感到自己和正常的孩子一样，什么都能做，什么都能做好。

苏女士觉得聋儿只不过损失了30%的能力，他还有70%的潜力，如果你能帮助他把那70%的潜力发挥出来，他会比一个正常的孩子更优秀，但要做到这一点，你就必须学会赏识你的孩子。

但家长必须记住：赏识孩子不等于宠爱和溺爱孩子，也不等于放任孩子。孩子毕竟是孩子，他们会不断地出现各种各样的问题和错误。因此，在赏识孩子的同时，还要严格要求，及时指出孩子所犯的错误及存在的不足，告诉他怎样去做才可以改掉这些错误和不足，并且在他们不断改正的同时，对于所取得的进步要及时给予赏识。孩子会在非常愉快的心理状态下，逐渐成长为健康的、对社会有作为的人。以下几点可以为妈妈们提供很好的借鉴：

（1）为孩子设定"小目标"。

不要认为赏识就是一定要怎样夸奖孩子，应该针对孩子的实际情况，为孩子设定一个"够得着"的小目标，这本身就是一种有效的赏识，而且这种情况下的赏识不会产生"副作用"。

有一个故事：

某个炼钢厂员工生产效率低下。一天，公司总裁到工厂视察，他询问了当天日班工人的产量，然后把这个数字写在身边一块大大的黑板上，除此之外再没说一句话。当晚，夜班工人看到这个数字，当他们知道这个数字代表的意思后，决心一定要超过这个产量。果然，第二天清晨，原来的数字不见了，在黑板上的是一个新的、高得多的数字，那是夜班工人的产量。日班工人又不服气了，他们努力干了一天，终于又一次改写了产量。就这样，工厂的生产蒸蒸日上。

值得注意的是，在这个故事中，工人并没有从他们的行为中获得什么实在的好处，正是一个"跳一跳，够得着"的目标激发了他们的热情和力量。设定一个合适的目标，"跳一跳，够得着"是很好的形容。如果孩子不需要跳起来就够得着，那就失去了设定目标的意义。但如果跳起来也够不着，那就不能让孩子获得成功和自信，反而可能让孩子感觉沮丧。

这个目标如何设定？第一，父母应该对孩子的能力和现实条件有一个正确认识，切忌急于求成；第二，在目标设定时应该和孩子一起决定，这样不仅能听取孩子的意见，也能让孩子更有积极性；第三，如果父母对孩子的情况把握不准，最好与孩子的老师商量；第四，可以考虑给孩子设定一个只要努力就一定能够得着的目标，周弘老师为女儿设定的目标是背圆周率小数点后一千位数字，这就是一个很好的例子。

强化孩子的目标意识，让这个目标在孩子心中扎根。比如可以把目标写在墙上悬挂的黑板上，或者用彩色纸写了贴在墙上。如果目标有一定的时间限度，那么再给孩子一本"目标日历"，目标应该完成的那一天被显著地标明。

让孩子养成一种习惯，即在晚上睡觉前问自己一个问题：今天，我为我的目标做了些什么？不要强求孩子记日记，但应鼓励孩子在"目标日历"上写点或画点什么，比如画上一张笑脸。

给孩子找个竞争者。有了竞争者就能极大地鼓舞孩子，但是，如何选择竞争者也是个问题，让孩子把某个同学当作竞争者是可以的，但不要把目标定得太高，不能每次都盯着第一名。可以让孩子选择一个比较熟悉、成绩略好于自己的同学作为竞争对象。同时，要多与孩子交谈，告诉孩子"友谊第一"，不要让孩子滋生对竞争对象的敌意。

让孩子自己和自己竞争也是很好的办法。比如周弘老师训练女儿打算盘，每次都给她掐时间，让她和自己比，而且还故意告诉女儿，她的速度一次比一次快。这样，孩子的自信心就越来越强了。

在小目标达到后给予适当奖励。奖励最好是非物质的。比如，在那天的晚餐时，在孩子的座位上放一个好看的垫子，让孩子在晚饭前"致词"，全家人表示庆贺。也可以参照上面的做法，让孩子自己给自己"颁奖"。或者让孩子选择一件他自己喜欢做的事，看电影，打电脑游戏，或者去肯德基吃饭。

（2）在孩子犹豫迟疑的时候给予支持和鼓励。

赏识最能发挥作用的时候，应该是孩子想"跳"又有点怕的时候。这时，"赏识"就是一只有力的手，在孩子后面用力推一把。

尽量少用奖励诱惑孩子。孩子毕竟不是马戏团的动物，"奖励"虽然会有效果，但也常会有副作用。我们要让孩子前进的动力来自自身，而不是外在的诱惑。

不要过分强调孩子的潜能。强调孩子"一定能行"。这种办法对一部分孩子管用，而对另一些天性比较胆怯的孩子来说，可能反而增加了他的心理负担。

给孩子一个示范。如果你玩过一些刺激性的游戏，比如拓展或蹦极，你就会有这种体验，你前面的那个人对你有很大的影响。如果排在你前面的人玩得很顺利，而且一副兴高采烈的样子，你也会跃跃欲试；相反，如果他怕得要死，你恐怕也会有些犹豫。孩子更是这样，给他一个漂亮的示范，孩子的信心就会增强。

让孩子想象。让孩子设想自己成功的样子，在头脑里细致地描绘这幅图画，让它越来越清晰，清晰到如同身临其境。这种方法在心理学上已经得到了肯定，它能有效地增强人的信心。

解除孩子的后顾之忧。跟孩子说一句："你放手去做，做好了算你的，做坏了算我的。"让孩子解除对失败的恐惧，这也有利于增强孩子的勇气。

激一激孩子。比如有一种游戏是走吊桥，吊桥晃来晃去，又没有扶手，孩子害怕。这时，父母不妨先走过去，对孩子说："你要是不过来，我们就走了。"让孩子处于一种必须靠自己的力量克服困难的境地。

（3）在孩子失败的时候加以赏识。

失败的时候也要赏识吗？有些父母可能不解。其实，孩子失败的时候可能更需要这件武器。如果这时不"赏识"孩子，孩子可能得到的不仅是失败，而且还有失败留给他的沮丧心情，这可比失败本身可怕多了。而有了这件武器，孩子就能从失败中得到一些可贵的东西。

不要讳言孩子的失败。失败就是失败，怎么样也不能把失败说成功，这是没有说服力的。同时，也不能把失败归因于客观因素，让孩子直面自己的失败，这是第一课，也是很重要的一课。父母不妨多与孩子讲讲人们失败的例子，历史故事也好，名人轶事也好，自己的亲身经历也好。总之，让孩子知道，失败是每天每时每地都在发生的，每个人也都会遇上的，这是人生的常态。

让孩子想"我得到了什么"。成功与失败并不是对立的，它们不过是一种比较，有时，成功只是比失败多了一点点。

而无论成功或失败，都比完全不做要好。完全不做就是个"0"，而只要去做了，哪怕只做到0.01，也比0要大。启发孩子，不要总想着那没有得到的99.99，要想那0.01究竟是什么。

调节孩子的情绪。让孩子放松心情，方式当然多种多样，比如听音乐、看电影、打球、散步等。总之，要让孩子从沮丧的情绪中摆脱出来。

综上所述，鼓励的确比批评好。鼓励犹如一盏明灯，它能让迷茫的心灵看到通往前方的道路；它能使泄气的心灵看到光明的未来。鼓励是照在我们头上的灿烂的阳光，它给予人的不仅是温暖，还有光明和力量。各位家长，请少一些批评，多来些鼓励吧！

7. 培养孩子的爱心

孩子可以被看作是一面镜子，给他们爱，他们就报之以爱；无所给予，他们便无所回报；无条件的爱得到无条件的爱的回报，有条件的爱得到有条件的爱的回报。

因此，不管你怎样把净化和丰富精神世界的活动引入家庭生活，记住，有一点最重要：如果你的内心没有爱，就不可能给别人爱。作为父母首先要做的是，要让内心世界充满爱，这样你才有多余的爱给别人，才能培养引发你们的孩子来自内心的爱。

有一位母亲讲了这样一件事情：

有一次，我带着孩子去公园玩，坐下来休息的时候，我给孩子买来一些果冻。这时，我注意到我们身旁有一个小女孩，也坐在那里休息，她妈妈可能有点事儿暂时离开了。我看到她用渴望的眼睛看着我儿子在吃果冻，于是我就对孩子说："乐乐，给这位小妹妹吃点果冻好吗？"

"不，我自己要吃。"乐乐不同意。

我只好继续耐心地对他说："乐乐，要是妈妈有事情不在你身旁，而这位小妹妹在吃果冻，你想不想吃呢？"

"想。"乐乐毫不犹豫地说道。

"这就对了，现在你把果冻给这位小妹妹吃，等到下次妈妈不在你身旁的时候，那位小妹妹也会把东西给你吃的。"

乐乐看看我，又看看那位小妹妹，终于拿了一些果冻给那个小女孩吃。

这位母亲很好地对孩子进行了爱心教育，使孩子学会了体贴别人，关心他人。有了这种爱心，孩子将来就能够成为受人喜欢的人。

为此，家长在教育孩子的过程中，应从日常生活中寻找正面事物，培育孩子的爱心，这样才有利于"德商"素质的提高。

（1）热爱动物，热爱生命。

我们常常看到这样一些场景：孩子逛街时，迎面过来一只小狗，眼里流露出怜爱的神情。

动物园、公园里，往往是孩子们的天下。孩子们和小动物们嬉戏，快乐异常，显现出爱的天性。

相反，我们也看到一些恶作剧的孩子，抓住小猫、小狗的尾巴，听到它们悲惨的嚎叫而开心不已。

西方国家大多制定了法律，禁止虐待小动物，目的是用法律抑制残忍。英国有句名言："爱我者爱我的狗。"把狗等同于人，借用小动物启迪孩子的爱心，最直观和便捷。现代社会掀起"宠物热"，并非全是精神空虚，它也是人类在人情淡薄的后工业社会中，借用宠物培育爱心，最终仍是呼唤美好人性的一种表现。

（2）帮助孩子克服自私自利的性格。

"我的，给我，我要！"这是小孩子最常说的几个词。可见，小孩的自我意识很强烈，

这往往被用作证明"人生来是自私的"。

诚然，人有自私的一面，属于动物的普遍性，但并非不可改变。婴儿学会的语言中，最早是"爸爸""妈妈"这些词，说明婴儿最早感受到的便是父母。父母的爱是无私的，父母精心呵护孩子，让婴儿最先感受到人间的温暖。

父母之爱是无私的奉献，历来为人们讴歌，但切不要把它当作对孩子的馈赠，否则便成了溺爱，反而会助长孩子的自私

心理。

　　家长不要一味满足孩子的要求，应让孩子懂得，除了"我"，还有其他人。在家中，应教育孩子尊敬父母、爷爷、奶奶，形成"长辈先用，最后轮到我"的意识。中国古代有个"孔融让梨"的故事，讲的就是排行最小的孔融让哥哥姐姐先选大个的梨，可见古人早有教育孩子避免自私行为的范例。

　　父母是孩子最直接的教育者，应该注意把做父母的辛劳告诉孩子，让孩子明白父母之爱的伟大，懂得父母为了自己的成长做出多大的牺牲。这样，孩子便会体谅父母，不再心安理得地接受父母的伺候。有机会也让孩子学习照顾父母、长辈，明白爱心是相互交流的，不只是单方面的索取。创造一个富有爱心的家庭气氛，能克服孩子的自私心理，养成关心别人的习惯。

第七章 和谐性爱，让老公更"性"福

　　婚姻幸福需要性爱的和谐，幸福的女人在经营婚姻的同时也懂得享受性爱的美好。一个懂得享受性爱的女人洋溢着女人气息，这让人看起来更加的女人味十足。而一个拥有十足女人味的女人是懂得如何营造和谐的性爱的。

1. 幸福的一半是"性"福

性爱是和谐婚姻的缓冲剂。俗话说得好："床头吵架床尾和。"在彼此探寻性爱快乐的同时，早已将生活中烦心琐事抛诸脑后。魅力女人所散发的性气息是迷人的。做个会做爱的女人，快乐着你的快乐，幸福着你的"性福"！

从医学角度看，夫妻间和谐美满的性爱会增强机体的调节功能，使内分泌相对平衡，生理功能正常运行，从而避免过早衰老。反之，缺乏和美的性爱，甚至关系紧张的夫妻，就很可能削弱正常的生理功能，罹患各种疾病，从而引起中枢神经、消化、循环、泌尿、免疫等系统的机能过早衰退。

从心理学角度来说也的确如此。美国著名心理学家马科斯认为，夫妻俩结婚后的头些年里，往往很幸福，因为在这段时期，在性爱前的"情色"渲染上显得很和谐，但到了50岁就进入友谊、理解和相互帮助时期，此时是另一种生物成分在起着作用。同时，由于形形色色的原因，"情色"开始受损。"情色"的受损，会使人的情绪低落、失眠、食欲降低、酗酒、乱吃药等，进而导致机体疾病，如胃溃疡、腹泻、出血、皮疹、脱发等现象。马科斯对罹患梗塞性疾病的夫妻的家庭情况调查表明，其中35%的患者是因"情色"丧失而分居甚至离异。

所以，性是爱情、婚姻幸福的催化剂，不可刻意地去回避。在传统观念中，性在婚姻生活中有着不可替代的地位，似乎无性就没有婚姻，也就谈不上幸福的家庭生活。一个人缺少幸福的家庭生活，那么这个人就缺少了向前拼搏的动力。他的意志会变得消沉，他的潜力就难以得到发挥，成功对他而言更是无望之谈。

曾看过这样一个故事：

一位作家50多岁了，他夫人是画家，比他小10岁。由于她很会保养，所以到了中年还是"艳光四射，娇俏亮丽"。两夫妇的性格，作家阳刚颇盛，画家温柔有加。由于那位作家经常发表一些文笔犀利的杂文，难免招来一些指责，有时候就显得很烦恼。当他憋着一肚子不痛快，气咻咻地回到家里时，画家夫人总是以她那轻盈的步态，甜美的笑容，娓娓动听的语言对待他。此时，他好似经受风浪袭击归航的船只停泊在宁静温柔的港湾里歇息，烦恼很快烟消云散。到了傍晚，她常特意地在席梦思床上撒一些粉红色的玫瑰花瓣，渲染一种爱的氛围，让丈夫排除烦恼，从而进入"情色"的意境中。有的时候，丈夫因外出参加笔会之类的一些社会活动，晚归了，她也来点俗的，在餐桌上留张字条："酒在柜子里放着，菜在蒸笼里热着，你的夫人在被窝里睡着！"这就是一种典型的夫妻之间的"情色文化"，多么富有内涵，多么有情趣，散发出一种迷人的"情色芳香"。假如夫妻俩一直生活在这种情色文化环境里，自然会延年益寿，春心长存，白头偕老啦。

因此，我们必须正视一点：性是一种必然的存在，性欲是人类的一种本能欲望，性行为是人类生存和生活的一种强烈需要，它是"生命意识"的最高表现。

《孟子》曰："食色，性也。"每个人都有性的本能，性爱是人们生活和精神的支柱，只有美满的性生活，才能提高生活的情趣，才能更加美满幸福。因此，每一个女性都应该掌握一些床笫知识，以获得最大的满足。

下面介绍一下魅力女人的"性福"之道：

适量的挑逗。男人都喜欢被挑逗。要刺激他们，首先要拖延，甚至在适当时制止他作进一步的要求，这样他的欲望和刺激感才会膨胀。如果他被你深深吸引，那么他对性的欲望是迫切的。如果你希望一直保持对他的刺激感，你就应该控制车辆驾驶的速度，及时将他减慢至你所需的速度。

学会卖弄风情。除非你的他是妒忌心重或极度保守的男性，否则不妨偶尔表现性感的一面，性感的打扮、野性的舞姿或吻合的调情都可以为他带来满足感。不过不论怎样，你一定要让他知道你表现性感其实是为了他。学习如何卖弄风情也有助于开发性自我，使你克服胆怯的个性，更能享受亲密的"性"福。

让爱火不断燃烧。在"坏"女人的意识中，相爱的两个人无论婚前婚后发生亲密关系是理所当然的事情。但若一切变成习惯，即使最诚恳的男人也会感到厌倦甚至逃跑。所以无论他多么了解你，你也应保持一定的神秘感。莎士比亚有句名言："他最满足的时候是他感到最饥饿之时。"适当的关注能减少他的迷惘感，应尽量给他多些关注，在关心孩子、事业、兴趣和朋友之外，不要忽略了他其实更需要你的关心。很多时候，男人有外遇并不一定代表他需要一个新的性伴侣，而是他的另一半未能给予他足够的关心。

不脱衣而能取悦他。怎样延迟与他发生关系而保持他的刺激感和欲望？只管说"不"是不管用的，这可以用于面对毒品的引诱，但面对自己的男人，实在难以启齿。当一个男人的性要求被拒绝后，他会认为他的女人一定是不喜欢他或不喜欢性，这对他的打击是难以承受的。所以你应该让他知道你是喜欢他的，你一直被他深深吸引，并尝试深情地看着他，然后对他说"欲速则不达"。

给他一些惊喜。偶尔穿上性感内衣，在电话中调情，扮演不同角色，写一封热辣辣的情信，在日记中记下浪漫的事而在"无意间"让他看到，总之要引发他的想象力。不妨尝试将一件手织的毛衣用花纸包好，并加一张写上"不要让它冷却，让它温暖地回到家中吧！"的字条，任何人看了也会暖在心头。

保持性爱的新鲜感。女人要有智慧，因为智慧可以表现性感和魅力。你的智慧可为情爱生活带来幽默感和新鲜感，男人的精神满足和对性的渴望也需要你巧用智慧。要保持性关系上的新鲜感，最直接的方法是换一种方式。你可以多花一些心思，与伴侣一起寻求新意，若你用心去做，他是会感觉到的。

你可将女人的多方面表现出来，例如经常改变打扮和形象——成熟型、青春型、女强人型等。

2. 理解性的妻子最明智

人们都说男人是天生具有性扩张的动物，仿佛他们的威力无所不在，仿佛他们个个都是加满了油、雄心勃勃的战斗机，只要上了床，男人都处在充满激情的状态。可事实上男人却因此无形多了份压力，多了份害怕。他们害怕勃起不够强，害怕妻子计较性器官的大小，害怕不知道妻子什么时候需要更多的爱抚和刺激，害怕妻子得不到多次性高潮，害怕自己做爱时间不够长，等等。但是一个理解性的妻子却可以让男人消除这些害怕，享受性带来的快感。

假如一个女人让丈夫对她失去兴趣，而对另外一个女人产生兴趣，通常是因为她对于性、爱和浪漫的无知与漠视所导致的。这种说法的前提当然是假设夫妻之间曾经存在一份真爱。这个事实也适用于让妻子对自己失去兴趣的男人。

如果能正确理解这一问题的答案，许多婚姻就可以由混乱走向和谐。絮絮叨叨的抱怨以及由此带来的不和谐通常归因于对性缺乏了解。如果爱、浪漫再加上对性激情与功能的正确理解，夫妻之间就会和睦相处。而且，在这个基础之上，还会推动男人在事业上的发展。

　　然而，正是源于此，所以，当男人一旦遇到自己喜爱的女人就会把她当作自己终生的伴侣，或者说当这样的两个人一旦相遇，便会像两块磁铁一样，被一种无法抗拒的力量吸引在一起；又像两个精致的半圆柱体，一旦合二为一，那滚滚向前的快感，便使得它们不愿分离。所以说，真正的"两性相悦"，是一种超越自我的完美融合，是一种如醉如狂的原始游戏。正如马斯洛在《动机与人格》中讲到的那样："使人们相互吸引的并不是传宗接代的任务或延续种族的欲望。健康人的性生活不但可以使人进入如醉如痴的极乐顶峰，而且常常像孩子们或小动物们的游戏，愉快、幽默、充满乐趣。"

　　而且，稍近些的年代里，性解放运动也大肆开展起来，性快乐主义是古希腊文化的产物，中世纪宗教统治使性爱成为原罪，文艺复兴后的人文主义促使人性复归，至今性快乐主义在西方成为主流。中国自宋代以来逐渐形成"万恶淫为首"的主导思想，不少无辜男女因此失去幸福甚至是生命，随着世界自由民主大潮流，中国自20世纪80年代后也或快或慢的向这个方向发展，未来，人类将逐渐彻底摆脱某些文化的束缚，自由的实现性爱。可见，倘若性爱没有如此巨大的作用，为什么要如此强调性解放运动呢？

　　也正因为如此，在这个基础上，心理的一定状态在这种有利的生理基础决定下，男女双方似乎体验到了一种灵魂的净化和内心的净化。这种心境还能使人的各种力量充分地发挥出来。体验到深厚的爱情的人，是感受不到真正的寂寞也不会有抑郁感的。

　　另外，爱情还可以从内部推动人的各种力量使其能够解决一切。布鲁诺的喜剧《教士》中，玛尔塔说："爱情足够把所有沉重的劳动变得轻松和愉快。"

　　的确，人有支配自己行动的意识。人又可以从异性的愿望和为赢得一定感情的愿望中找到快乐，这是由直接的社会基础和间接的生物基础共同决定的。

　　人有七情六欲，然而，在这其中只有情欲具有最大的创造力和毁灭力。无论在精神上还是体力上，情欲的魔力都能为我们带来极大的推动力。在心理方面，也必然出现一些特殊的趋势。试看，一个热恋中的人，总有强烈的愿望去把其他人做不到的事情做成，以求赢得爱情对象的赞赏，使她（他）感到自己能配得上他（她），男性希望自己更机智、更有主见、更英勇，女性却希望自己在意识的作用下更高尚、更完美。还有那些为了追求心爱之人的男人，他们往往使出浑身解数，将自己的智力、体力、财力，发挥到极限；为了博得情人的青睐，甘愿忍受任何痛苦，可以承受任何打击。再如，许多的英雄，为了向异性炫耀而去争取更大的成功；如果没有了异性的欣赏，他们很快便失去了斗志，最终选择对奋斗目标的放弃。可见，情欲在一个人身上所产生的动力是多么巨大。

　　而人的这种必然的愿望有引起良好后果的可能性。它既是生命的本能，又是掌握特定社会集团的价值体系的结果，它还是个人社会积极性的其他内部刺激因素的补充。

　　在一封信中，斯拉维伊科夫说："我的《流血之歌》是按照马拉·别尔切娃的愿望而创作的，是为她而写的。美妙的作品是奇迹的产物，而奇迹都在于男性在女性的吸引下获得创造力。"所以说，作曲家是可以从爱情中汲取灵感的。

可见，幸福的爱情可以把悲观失望的心情驱散。它通过心理的概括把文字作品的感情变得生气勃勃，对世界的看法向上、乐观。而这种能推动男人向前的爱是通过女性来影响的，所以说，妻子对男人的发展起着至关重要的作用。

有一句德国格言说得好："人一半是野兽，一半是天使。"我们的肉体欲望如同野兽，我们的精神意识犹如天使，野兽可以被驯服，我们的肉体和精神可以合二为一。从这个意义上来说，爱情就是由两颗心组成的符号，有了它，我们就可以调动自身的所有能量去征服人类一切的东西。

3. 让性生活有美妙的开场

古人说"食色，性也。"性生活并不是丑恶的行为，只能说它是人类的一种隐私行为。完美的性爱，能给人的身心带来极大的愉悦，大大增加男女双方对对方的肯定和赞赏。

和谐的性爱，可使夫妻间的感情经久不衰。在日常生活中，有许多夫妻因为性爱的不和谐而感情破裂。虽然性爱的不和谐有多方面的原因，但女人在性爱中的被动和不配合，也是一个很重要的因素。

有不少女人认为性爱应当是男人主动，当自己有做爱的欲求时，当自己对丈夫的抚摸和做爱方式感到不舒服时，当丈夫满足后倒头就睡，却把正在兴致中的她晾在一边时，都羞于向丈夫表达出来。其实，性爱是人类自然的生理行为，女人完全不必羞于表达自己生理上的需求和感觉，而应坦诚地表达自己的愿望和要求，可使丈夫及时了解你的需要而予以配合。

因此，每一个女性都应该有一些床笫知识，以获得最大的满足。以下10种方法可帮你的性生活有个美妙的开场，你不妨试一试：

（1）读一本言情小说。

一般来说，男人易受图像刺激而女人容易受语言的挑逗，那些言情小说中关于两性的描写，可以使你沉溺于某种性幻想，激起你的性欲。所以，你可以在准备做爱的前一个小时读一段言情小说。

（2）大胆地表达要求。

躺在床上想，"他很快就会爱抚到我的敏感区，我知道他会的"，这样不但过于乐观，而且也是在浪费美好的性爱时间。嘴不是仅仅用来接吻的，它还可用来互相告知什么能够挑逗你，什么不能。你不要一味地批评说"你对我的乳房抚摸得不够"，如果这样说"我喜欢你吻我的乳房，你可以多吻一会儿吗？"效果就完全不同。宁可告诉他哪些做得对，而不要数落他一大堆不足，使你的建议听起来积极一些。你也可以问问他，在抚摸时，他喜欢重一些还是轻一些？他觉得哪一种技巧最好？你要了解什么能使他兴奋、倍感舒服，同时他也会乐意问你是否需要改进？

（3）睡在柔滑光亮的床单上。

当洁净得近乎无瑕疵、缎子般柔滑的床单触到你赤裸的肌肤时，你会被情不自禁地撩起欲火，强烈的性欲会使所有的感官放纵。柔滑的床单只是千万种方法之一。每次做爱时改变一种感官刺激，就不会觉得乏味。用音乐刺激听觉或做爱时与他交谈，详细地向他描述你的感受，用燃烧的香熏油点燃他的嗅觉，擦上香水让他欣赏你在激动时所散发出的自然而甜蜜的体香。爱抚可用不同的材料，如用你的头发、装饰羽毛、围巾或手指头；用食物、香槟和你身体的所有部位去愉悦他的味觉。

（4）敢于善意地说"不"。

人不可能任何时候都可以做爱或想着做爱。每个人性欲的高低都受激素水平、压力和健康状况的影响，假如你此刻在床上只想睡觉的话，那么，情愿说"不"而不要勉强地伪装。你可以老老实实地说"我太累了，我只想拥抱"或"我一点情绪也没有，不知道为什么"，这就足够了，让他弄清楚你是在拒绝性而不是拒绝他。

（5）男人也喜欢前奏。

有些男人仍然认为前奏是女人所爱，所以他们必须做到令女人满意为止。但是，许多男人发现接吻、轻舔、触摸和轻戳的确很妙。他们喜欢推迟性交，因为他们知道那样会感觉更兴奋。当他给你前奏时，他会在拥抱、爱抚你的时候观察你的身体，同时也会增强他自身的性欲。如果你也关注他的全身，关注他的感受，那他会格外珍惜的。

（6）不要佯装高潮。

我们常常佯装高潮来完成做爱，而男人们极少注意，因为我们怕伤了他的感情。一些性治疗专家指出，如果你与伴侣做爱时90％能够达到性高潮，那么，剩余的10％你还可以伪装。但是，如果你和他从未有过高潮，那就没有意义再去伪装了。如果他一直以为自己做到了，他怎么还会再去学习呢？鼓起勇气来告诉他"实际上那样对我毫无作用……这样才会……"这样，你们两个都会更幸福。

（7）到外面去做爱。

标准的伴侣通常使用2~3种姿势做爱，即使你不屑于接受性学家凯玛·休特所倡导的任何一种姿势，至少你也应该走出卧室。在沙滩上，在车里，在阳台上做爱，变换地点可以使性生活趣味倍增，并使你体验到裸露的快感。如果你担心完成整个过程会被人发现，那至少可以沉浸于热烈的前奏。

（8）舒适地依偎在爱人身旁。

你习惯性地将身体弯成一个勺子形，将脸对着他的背贴卧在床上，会感觉温暖、安全和舒适。把你们的身体尽量贴紧、挨着他的皮肤会令你愉悦。

（9）让他爱抚你的身体。

女人的背部是敏感的，当他顺着背部用手抚摸到脊椎的底部，也就是股沟的位置的时候，你的情欲自然而然地就会被激发出来。同时，你身体优美的曲线，也会诱发着男人体内强烈的情色欲望。

（10）尝试新的性交体位。

在性唤起阶段，性交体位的变化也会让性生活更加丰富多彩，注意变化性交体位会在适应当时情况、达到性交目的的同时给性爱增添情趣。

4. 性感魅力，性爱之道

挖掘自己的性感魅力，培育自己的性感魅力，这是夫妻间性爱之道，也是夫妻感情升华的最佳契机。

究竟什么是性感？所谓性感，就是异性或异性身上的某一东西能引起我们在性方面的一种反应和感觉（其中包括生理的、心理的或情绪上的反应和感觉）。当然，如果广泛一些说，异常的声音和气味也可以引起我们的性反应。对于女性来说，性感不仅表现在丰满的臀部、隆起的乳房和匀称的大腿上，有时也表现在小腿肚、手指、脚趾、臂膀、肩胛、脖颈、头发、嘴唇等部位，对于男子来说，则主要表现在发达的肌肉、宽阔的肩膀、浓密的须发，甚至是凸出的喉结上。有时常常会发现这种情况，有些女性的臀部、乳房等部位并没有什么诱人的性感，但手、脚或脖颈却充满魅力。不过也常有这样的错觉：有的女性只因臀部、乳房等部位有性感，从而使人觉得手、脚等部位也散发着性感。

性感是引起性欲的一个非常重要的因素，特别是女性的性感更应该挖掘自己的性感魅力，培育自己的性感魅力，这是夫妻间性爱之道。

怎样培养令丈夫神往的超级性感魅力呢？

（1）媚眼是女性魅力的无声语言。

媚眼是女性魅力的无声语言。运用得当，能使他读懂一颗怀春的心；倘若分寸失度，眼波"流短飞长"，则就成了弄巧成拙的败笔。无论是忧郁的、迷惘的、缥缈的、懒洋洋的、天真带笑的或眼中藏着火焰的，只要有神韵及充满流盼，眼波便是性感的发源地。

（2）露出性感的内衣。

将外衣的纽扣打开，露出非常性感的内衣，或者更直接地内衣外穿。不露不透同样可以表达性感。已经流行好几年的简约风貌看似素朴，一律深素的颜色，简洁精致的款型，却也有女性性感的表现。该窄的窄、该瘦的瘦、该圆的圆、该宽的宽，三围差数十分明显。

（3）似醉非醉之意。

那种似醉非醉，接近于语无伦次的样子着实是很惹人爱的，因为它造成了一种陌生感，给男性一种新鲜的刺激。微微的醺醉不但为面颊添上绯红，为眼神添上一份朦胧美及柔和美，也可释放些许锁着的感性与坦荡。当然，饮酒要适度，否则会适得其反。

（4）香水：撩起幽思春情的体味。

很奇怪，某种程度的体味往往也是构成叫人觉得性感的根源。有些男性就因为某种体味而记住一位女性。若你没有香汗或女人味，那亦可挑选一些专为撩起幽思春情而调制的香水。

（5）成熟———一种耐人寻味的美。

男性似乎更喜欢"成熟的美人"，对于那些虽然年轻但魅力一般的女性的自尊心来说，这可能是个打击。像莎朗·斯通、戴米·摩尔这样的女性被男性追求，应该是意料中事。在《新科学家》杂志上发表的研究报告说，科学家把近200名平均年龄为30岁的男性分成三组，并向他们展示了不同女性的照片。照片中有一名被认为是很有魅力的36岁女性，另外还有8名从20岁到45岁被认为魅力一般的女性。当要求这些男性选择妻子时，三组男性无一例外全部都选择了那位36岁迷人的女性，而根本不看重她的年龄。看来，成熟的确是一种耐人寻味的美。

（6）缓慢、慵懒也是一种性感风情。

为什么唐朝会被史学家认为盛产像杨贵妃那样倾国倾城的性感美女呢？古代女性宽衣解带时的专注与缓慢，眼神流眄四盼的施施然，说话时的快慢落落有致，已足以构成一种叫人觉得性感的风情。说话或举动上已变得急惊风或神经兮兮的你，今天就学习及欣赏缓慢、慵懒所发散出的微妙美态与性感吧！

（7）丰满的胸部及乳沟若隐若现。

这种姿态简直成了好莱坞的经典。从20世纪30年代的玛琳·黛德丽、60年代的梦露、80年代的斯通、90年代的安德森等超级性感明星，到不以美貌撩人的米迪·福斯特、海伦·亨特，甚至巴里摩尔都选择这个暴露的充满诱惑的样子。这个被女性钟情了几十年的姿态说明了什么？不是女性太傻，而是这种姿势太撩人了。

（8）出水芙蓉，你更美。

洗浴后的女人都像出水芙蓉，光洁洁、滑溜溜，富有弹性的玉肤迷煞人也。电影电视里女人出浴的镜头让观众大饱眼福，征服了许多帅哥的心。

（9）瀑布似的长发也是一道美丽的风景。

女性的长发和肩膀各有迷人之处，但都没有如此搭配时更富有性感。斯特里普正是凭着披肩金发吸引了"猎鹿"男友罗伯特·德尼罗。也只有罗密·施耐德的舒卷的长发和光洁的肩头搭配才显示出奥匈帝国王后的美丽形象。

（10）穿着丝质吊带裙，光着脚在灯光下走来走去。

那种感觉就像一个五颜六色的贝壳在阳光下的沙滩上晃来晃去，又像一条漂亮的凤尾鱼在清澈见底的泉水中游荡。格维尼丝·帕尔特罗在《新电话谋杀案》里穿着淡绿色丝质吊带裙的场面尤其性感，丝质的细腻柔滑和女人光洁无瑕的肌肤相映成趣，形成一道绝妙的风景。

（11）荷花玉立。

美丽的身段突然毕现时那是一种附着记忆的性感之美。生活在大湖边的人，在游泳时能够最真切地见识到女孩身体。那时全身尽湿，就像含苞待放的荷花，亭亭玉立。即便是海伦·亨特这样姿色一般的女子，当湿淋淋地出现在杰克·尼克尔森的门前时，也有一种无法抗拒的楚楚动人的魅力。

（12）女性羞怯忸怩的姿态，道不尽的风情。

女性的羞怯是男性兴奋的催化剂。面对男性热情的拥抱，女性忸怩的姿态实在有着道不尽的风情。伊莎贝尔·阿佳妮是所有女演员中最会利用羞怯打动观众的人，《孽迷宫》中总是显示着一副弱不禁风、一吻丢魂的模样，《罗丹的情人》里也时不时在疯狂中加注羞怯不尽的韵味。白皙面颊拂过的粉红色晕和肢体传递的感觉异常性感迷人。

（13）留有余韵，尽现几分神秘。

男性心目中的性感，除了发自女性的重要性征外，还有一些比较虚无抽象的元素，其中神秘感就是一个性感元素。电影史上被称为性感的明星如玛莲德·烈治、碧姬·芭铎等，哪个没有深不可测的神秘眼神？在你喜欢的男性面前，当你叙说个人故事，流露个人情感时，别一五一十如数家珍般地尽情倾诉；只说七成，留三成让对方揣摩与遐想，留有余韵的回想也是玩神秘感的一种巧妙哩！

5. 了解丈夫的性周期

美国医学专家克鲁梭研究表明："男性有明显的生理周期，只是他们并不了解周期的发生规律，并总把结果当成原因。一旦男人了解了自己，把握了个人的周期及其密度，他就能更好地控制和对付生命中的低潮。"

克鲁梭博士进一步指出，人体血液中的雄性激素水平变化很大，最低时只有250毫微克，最高时可达1200毫微克，而这种变化被认为是导致男人情绪和行为变化的根本原因。这些因素导致了男性有四个性周期：

（1）每天的"性周期"。

克鲁梭认为，男性每天的"性周期"有两种层次：

一种是早晨时，雄性激素水平会比晚上高。比如一名健康的年轻男性起床时的雄性激素水平一般在800毫微克至1000毫微克之间，而刚入睡时这一数值仅为400毫微克。这也正是早晨勃起时间较长且较坚韧的原因。

另一种是每过15分钟到20分钟，雄性激素水平就会经历一个峰值。这一测试数据揭开了前些年曾被新闻界广泛报道过的一次调查结果的谜底——男性的性想象通常15分钟到20分钟出现一次。

（2）每月的"性周期"。

在男人四种性的"周期"中，只有该种"周期"主要是由心理因素决定的。那些有明显"月经"体验的男性，有可能是受到妻子月经周期的影响。一旦男性与某个女性朝夕相处，他们就可能一同经历"月经"。也就是说，丈夫常常会调整自己的行为，以顺应妻子的激素周期。

此外，研究人员还发现，压力是一种潜在的雄性激素杀手。不论是生理方面的压力（如劳累过度），还是心理方面的压力（如面临工作困难），都会令雄性激素水平下降。这也正是越来越多的年轻的事业成功者有雄性激素水平较低问题的原因。男性所担负的责任越多，他所体验的压力便越大，进而导致其体内的雄性激素水平下降。

值得注意：如果丈夫在夫妻生活中的表现不是令你很满意，那么别光埋怨，不妨多一个心眼——他所承受的压力是不是太大了？如果确是如此，你应该体贴地提醒丈夫注意身体，适当地调整工作，缓解压力。

（3）每年的"性周期"。

克鲁梭指出，雄性激素水平会随着季节变化而变化，但变化的规律却不像我们通常所认为的那样。在春天，这个通常被认为男人最"心旌摇荡"的季节，男性体内的雄性激素却处于一年中的低点。经研究表明，性行为频率最高的月份是10月，也就是说，雄性激素在秋天才开始泉水般直涌。这种喷泉其实有一种更为深刻的物种选择根源——秋天时"播种"，我们的后代就会拥有一个温暖且食物丰盛的夏季，从而可以尽快成长起来。

值得注意：假如你和丈夫都有年假，那么可别把假期安排在春季。最好10月份去度假。假如你打算要小孩，秋季也是最佳。

6. 走出性观念的误区

性生活和谐美满，只能首先对对方的性生理和性心理发挥好作用，这就是需要我们要树立正确的性观念。爱情是异性间情感的升华；婚姻则是男女双方共同生活的契约。欲求爱情和婚姻美满，从树立正确的性观念入手。

妻子性观念的误区特征：

首先，由于表面看来妻子在性生活中只是被动的接受者，因此她误区往往既被丈夫忽视，也被自己忽视，甚至许多人觉得妻子根本就没有什么性观念。结果，误区往往深藏着未被察觉，但实际上却悄悄地侵蚀着夫妻性生活。

其次，由于女性的性反应和性行为模式更加丰富多样，个体之间的差异更大，因此性观念的误区常常被掩盖了，似乎一句"女人跟女人天生不一样"就可以解到所有夫妻性生活不和谐的原因。

再有，由于女性一般更倾向于把性生活、爱情和婚姻质量紧紧结合在一起，因此妻子在评价性生活时，容易更多地考虑爱情和婚姻的因素，却忽视或否定性观念的作用；

根据对大中城市1279人的调查分析，目前我国妻子中常见的性观念误区有三种。

（1）把性生活看作单纯的"献身"。

这首先表现为对自己的生理构造、功能和反应缺乏足够的认识和理解。近年来，随着计划生育和妇女保健工作的普及，妻子对于避孕、怀孕和妇女病的知识较过去增加了很多，但是由于传统和习俗的限制，仍有一半以上的妻子不知道女性最敏感的性部位是什么，40%多的妻子不知道或说不清女性的性高潮有什么表现。

这是由于性知识难于获得吗？恐怕不是。改革开放以来，我国公开出版的性学书籍已超过200种，几乎每一本都或多或少地谈到过这些常识。但是女性读者很少，女性购买者更少，女性传播这方面知识者特少。一方面，许多人仍然认为"女子无性（知识）便是德"，生怕女性有了性知识就会变成"祸水"。有位女性买了一本这样的书，竟遭到丈夫、父母和单位领导的联手打击，甚至在专家学者予以肯定后，仍受到离婚的威胁，担着"荡妇"的名声。另一方面，虽然已婚的中年妇女也不时私下议论性生活的事，但绝大多数是评论丈夫如何，极少有人谈到主动学习性知识，能用科学知识来筛选私下流传的信息（大多谬误）的女性就更为罕见。为什么感到需要却又不学？主要原因之一就是，非常多的妻子觉得，既然丈夫主宰着性生活，那就应该由他来学习性知识，由他负责性生活的和谐，甚至仅仅由他来努力满足自己。说到底，妻子常常在性生活中也是"嫁鸡随鸡，嫁狗随狗"。既然我已经履行了"献身"的义务，他就该担起促成和谐的责任。万一有问题，那可与我无关。有的妻子干脆说："这种事，全靠碰到一个好丈夫。"还有的上升为理论——"根本的问题是改造男人。" 这种单纯"献身"的性观念，至少可能带来几种不良结果。

①遇到丈夫粗暴甚至性虐待时，妻子既缺乏进行抵制的内心动力，又缺乏促其改变的知识与方法。

②出现一般的性生活不协调时，妻子容易过多地、过分地责怪丈夫，反而加剧了矛盾。在自疑阳痿、早泄的丈夫中，相当多的人实际上是由于妻子的责怪而引发或加重的。

③即使性生活顺利，单纯"献身"的妻子也难于体验到其乐趣与价值，反会产生冷漠与疏远，这自然又加剧感受缺乏，

最终形成恶性循环。

④即使比较协调，妻子也可能缺乏不断改进提高的内动力，长此以往容易造成双方的心理疲劳（乏味、无欲、逃避等等）。

（2）过分注意自己在性生活中的"形象"。

最常见的是妻子不自觉地力图表现出"正经"或"像样"。传统道德强调女性要"端庄"，一个"浪"字会毁掉女人的一生。其实，这本来指女性应在性关系方面遵守社会规范，但在封建性禁锢主义影响下，许多人把它错误地扩大到夫妻性生活中来，似乎在具体的行为、表情和性反应中，妻子也不应该"浪"或"疯"，否则也是"淫"。许多妻子很爱丈夫，但在性生活中却生怕自己"丢人"，怕丈夫因此看不起或怀疑自己，又想象不出一个好妻子此时"应该"是什么样，只好盲目地压抑自己。结果，丈夫和她自己都误以为性生活"就那回事，没什么意思"，时间一长，双方就真的无动于衷了。

还有许多妻子对自己自发产生的性要求感到耻辱或羞怯，总觉得自己主动提出要求是"贱"或"骚"，甚至觉得这样"像妓女"。在新婚初期，由于丈夫的性要求一般比妻子强，因此这似乎不是个问题。但随着性生活步入常态，许多夫妻都会遇到双方性要求在时间上和次数上"不凑巧"的情况。这时，如果妻子过分注意"形象"，不仅无法获得应有的满足，而且无法沟通夫妻在这方面的想法，无法科学地矫正双方都可能出现的"性失误"。结果都在心里抱怨对方，问题反而越闹越大。另有相当多的妻子，总是不自觉地关心自己是否"正常"，又缺乏促其改变的知识与方法。

（3）对性生活的作用抱有过高期望。

上面谈的两种误区，主要见于对性生活持有某种压抑或否定态度的妻子。随着时代的进步和妇女地位的提高，这样的妻子日益减少。但是，在对性生活积极肯定的妻子中，却正在出现另一种误区的苗头，过多地、过分地把性生活是否和谐，上纲上线成为爱情是否真挚、婚姻是否幸福的大问题。虽然几乎没有一个妻子愿意公然承认自己这样想，但在生活实践中，这种的误区却很鲜明地表现在以下几个方面：

第一，一些妻子不理解男性的性生理和性心理特征，误以为男人在任何时候、任何情况下都必然主动迫切。因此，在对方身心疲倦时，自己没有发出足够的视觉与心理刺激时，觉得丈夫不想过性生活是不体贴自己，是爱情淡化，甚至是"有外心"。在人近中年的夫妻中，在丈夫是干部或脑力劳动者的家庭中，这种情况更多见。

第二，一些妻子对性生活中的情感交流有着极高的需求，但又不敢于、不屑于或不善于表达和交流，结果自己产生说不出的烦恼，而丈夫又摸不着头脑，反过来，妻子还觉得丈夫不温柔体贴，不理解自己的心。这也很容易被上纲为"不是真心地爱"，甚至"男人不懂爱。"

第三，一些妻子不善于把性生活与婚姻中的日常生活区别开来，没有领会到两者之间的差异。丈夫在性生活中表现良好时，妻子误以为他必然会在日常生活的一切方面都是模范丈夫。稍有差别，妻子就会抱怨："你在床上的柔情蜜意跑到哪里去了？"甚至会怀疑"原来你的爱只是为了那事呀！"有的还上升为理论："性是欺骗女人。"

第四，少数妻子用不过性生活来惩罚丈夫的过失。有些妻子过分迷恋浪漫的纯情的恋爱，总觉得婚后性生活有损于它。

以上种种，看起来都是事出有因的具体问题，但实际上还是女性在性观念上有毛病。